現代の
教会を考える
ブックレット
4

礼拝改革試論

…なで礼拝を創るために

越川弘英 編著

荒瀬牧彦、丹治めぐみ、本田栄一、増田 琴 著

キリスト新聞社

刊行の言葉

今、日本の教会はどうなっているのだろうか。

そして、これから先、日本の教会はどうなっていくのだろうか。

二一世紀初頭という時代にあって、日本の教会の多くは、教会形成と宣教に関わる数々の課題に直面している。一方では、教勢の停滞もしくは後退、財政上の問題、礼拝をはじめとする教会の諸活動の点検と刷新、伝道と信仰継承、牧会と教育、また牧師の養成など、教会にとってもっとも基本的な課題の上に新たな注目が集まり、また他方では、これまで教会が取りあげてこなかった課題や、意識してこなかったいくつもの課題が、私たちの前に新たに立ち現れつつある。

一九世紀後半の世界宣教の潮流の中で生まれた日本のプロテスタント教会は、百数十年の歴史をたどりながら今日まで至った。しかし、この歩みの実態を、私たちはどこまで自覚的に意識し、反省し、その時々の教会の形成に反映させてきたと言えるのだろうか。現代の教会という組織、制度、活動は、はたして「今」という時代にほんとうにふさわしいものとなっているのだろうか。ある時代の特定の慣習や伝統、ある特定の人々の主張が絶対化されたり、「神聖視」されたりしてはいないだろうか。いったい私たちが受け継いできたものの中で、今後も真に守りつづけていくべきものとは何だろう。教会形成と宣教において真に優先すべきものをはっきりと見定めるならば、私たちは、それによって二次的なもの、変えていいもの、あるいはまた捨て去るべきものをも知ることになるはずである。

あえて言うとすれば、私たちは、今まであまりにも「変わらなすぎた」のではないだろうか。聖書には、ただひとりの主の活動に始まり、弟子集団の形成と教育と派遣、ペンテコステ後の新たな組織改革や宣教の飛躍的な拡大など、激動する状況の中で、実に目まぐるしいばかりに変化を遂げていった初期教会の様子が伝えられている。二〇〇〇年に及ぶ教会の歴史もまた、時代により地域により、また様々な現実の変化によって、多種多様な応答とチャレンジを試みてきた教会の姿を示している。永遠に変わることのない福音を、つねに変わりつづける時代と社会の中で宣べ伝えるために、教会は繰り返し大胆に変わりつづけてきたという事実に、現代の私たちはことさら注目すべきなのではないだろうか。

このシリーズは、このような認識のもとで、日本の教会が、今、直面している様々な課題を取りあげ、その現実を具体的に考察するとともに、その背景にあるもの、そしてこれからの教会の方向性について、読者と共に検討することをねらいとして企画されたものである。

このシリーズの各巻においては、教会という現場で活躍する牧師、信徒、そして神学者からの発言が、読者への「問いかけ」あるいは「チャレンジ」というかたちで発せられることになる。あらかじめお断りしておくならば、これらの「問いかけ」や「チャレンジ」には、お定まりの回答や結論が用意されているわけではない。読者は、これらの発言に対して、違和感を抱いたり、困惑したり、あるいは反発を感じたりすることすらあるかもしれない。また、これらの発言を通して新たな「気づき」を促されたり、共感や確信を分かち合うということもあるかもしれない。

いずれにしても、このシリーズを通じて私たちが望んでいることは、この本を手にする読者が、現在の日本の教会について共に考え、私たちの目指すべき教会形成と宣教の姿、そしてその具体的な方法と実践に関わる対話に共に加わってほしいということにほかならない。

日本の教会は今、実に多くの課題を抱えている。しかし、視点を変えるなら、それはまた、この時代にあって、私たちが新たに生まれ変わる大きな可能性を与えられているということでもある。

この時代と世界の中で、神は私たちにどのようなヴィジョンを与えてくださるのだろうか。その招きと導きに対して、私たちは大きな畏れを抱きつつ、しかしまたそれと同時に、大きな期待と喜びをもって応答していきたいと思う。

二〇〇七年九月　　越川弘英

目次

第一部　礼拝改革試論（越川弘英）

第二部　みんなで礼拝を創るために――座談会

第一部　礼拝改革試論（越川弘英）

はじめに　「礼拝ってなんだ？」

キリスト教の礼拝〜「神と人間の聖なる戯れ」

礼拝とはいったい何だろうか。礼拝が教会のいちばん大切な活動であることを私たちは知っているし、そのように信じて教会は礼拝を守りつづけてきた。礼拝をやめる時、教会は教会でなくなる。教会にとってなぜ礼拝はそれほどにも大切な活動なのだろうか。神学者であり牧師であるW・ウィリモンは次のように語っている。

「礼拝がキリスト教共同体を形成する中心である理由の一つは、礼拝の中で共同体の全員が出会い、その関心が一つに結びつくからである。」（『牧会としての礼拝』一八頁）

日曜日のひと時、礼拝の場に人々が集い、共に祈り、賛美し、神と出会う。まさにそれが「神の民の集い《エクレシア》」であり、その時そこに目に見える「教会《エクレシア》」が出現する。それが礼拝の生み出すもっとも重要な意味であり出来事なのだと、ウィリモンは言いたいのだろう。

さてしかし、そのようにして集まった「神の民」は礼拝の場でいったい何をしているのだろう。「礼拝する」ということは要するに何を意味しているのだろう。このことについて私は次のように定義したことがある。

「キリスト教礼拝とは、イエス・キリストを中心として行われる、神と神の民との公かつ共同

の、出会いと交わりの出来事である。」(『礼拝・礼拝学事典』「礼拝」の項より)

この定義そのものはもちろん今でもその通りであると考えているのだが、いかんせん、「定義」という言葉そのものも含めて、どうにもこうにも堅苦しい印象がつきまとうことは否めない。私自身、礼拝というものを言い表すために、何かもっと別の生き生きとしたイメージやモデルを発見したいと思っているのだが、なかなかうまくいかないでいる。それでも今までのところわりと気に入っているのが、礼拝を「遊び」と比較しながら思いめぐらしてみるやり方である。以前、私は両者の共通点として、こんな文章を書いたことがある。

「おそらくもっとも大事なこととして共通しているのは、礼拝においても遊びにおいても、本来、その行為自体が目的そのものなのだということです。それは何かを得るための手段や方法ではなく、まさしく礼拝すること、遊ぶこと、それ自体が究極的な目的であり、喜びなのです。」(『今、礼拝を考える』六六頁)

かっこよく言えば、礼拝とは「神と人間の聖なる戯れ」なのである。そこで私たちは神と出会い、神と遊び、また神が集めてくださった人々と出会い、遊ぶ。そうした遊びを通して、私たちは神によって受け入れられている自分、隣人によって受け入れられている自分を再発見する。そこではまた私たち自身が「私」という存在を受け入れなおし、肯定し、喜ぶものとなる。そしてそれはさらに私という人間が他者である隣人を受け入れ、神を受け入れ、肯定し、共に喜ぶことへつながっていく。究極的な意味において、礼拝も遊びも、神と、神が創造されたこの世界とその中に満ちるすべてのものを肯定し喜ぶという、賛美と感謝の行為なのだ。

もちろん私たちは、自分たちの生きている世界が罪とその結果である数々の問題の山積する世界であること、今なお平和《シャローム》に至っていない世界、それどころか悪意と破壊と混沌がいよいよ増大しつつあるかのように見える世界であることを知っている。礼拝が「神と人間との聖なる戯れ」であるということは、こうした厳しい世界の現実を脇に置いて、しばしの間、我を忘れて時を過ごすことではない。むしろ、「支配と権威、暗闇の世界の支配者、天にいる悪の諸霊」（エフェソ六・一二）を相手として、この現実のもとで礼拝すること・遊ぶことそのものが、これらの「力」に対する神の勝利を信じる私たちの証しであり、神の栄光を誉め称える行為なのだ。悪霊が支配するかのように見えるこの厳しく危険な現実のただ中で、あえて礼拝すること・あえて遊ぶことこそ、私たちがなしうるもっとも大胆な信仰告白である。

神はこの厳しく危険な世界にやって来られ、私たちの遊び仲間となってくださる。大人が子どもと遊ぶために自ら進んでハンディを負うように、神もまた人間と遊ぶためにご自身を小さくされることを厭われない。創造主である神は御自分の創造された私たち人間と出会い、交わり、遊ぶことを望んでおられる。

もしこのように礼拝が「神と人間との聖なる戯れ」であるとしたら、礼拝を考える上で私たちがとりわけ大切にしなければならないテーマは、「喜び」ということではないだろうか。この喜びの内容をどのように捉えるかということも含めて、「その礼拝には喜びが満ちているか？」という問いに、私たちは真剣に耳を傾ける必要があるように思う。

「遊び」と「礼拝」に内包された「力」

さて「神と人間との聖なる戯れ」である礼拝は、それ自体が完結したひとつの営みであり、そのものが目的となる行為である。換言すれば、礼拝は何かの目的に仕えるための手段や方法ではない。

しかしキリスト教会の歴史をたどってみると、啓蒙主義の時代には礼拝が人間の道徳教育の手段とされたり、リバイバルの時代には人々を回心に導くための手段とされるなど、往々にして何かを達成するための手段として利用されてきたことも事実であった。そうした事例は、たとえそれが良い意図から為されたものだったとしても、神と人間の共同の営みである礼拝の本質を見失い、礼拝を人間的な思わくのもとに置き、人々を操作したり誘導するための手段とする行為であったと言わなければならない。

だがしかし、翻って考えてみるならば、礼拝がそうした人間的な意図によって利用されることが起こりえたという事実は、本来、礼拝という営みの中に人々に働きかけ、人々を動かす大きな「力」が内包されていることを証明しているとも言えよう。宗教学的な分析を待つまでもなく、私たちは自らの経験から、礼拝には人々をひとつにまとめる力や、感覚的心理的な変革を引き起こす力が働くことを知っている。そうした「力」は、礼拝における言葉を中心とする知的な要素ばかりでなく、礼拝空間やシンボルなどの可視的要素、音楽、身体の動きや所作、そしてサクラメントをはじめとするキリスト教会独自の営みといった、多種多様なものの影響が相俟って生み出される力である。

こうした礼拝の「力」を考える上で、先ほどから言及している遊びにも同じような「力」が働くことがあるという事実を見ておきたい。それは例えば次のようなことである。

「礼拝でも遊びでも、参加者はみな真剣にそこに参加することが求められます。また、真剣でありながら、礼拝も遊びも参加者の真の交わりの場となり、お互いを認め合う場となります。さらには礼拝にも遊びにも一定の順序や約束事があり、礼儀や信頼が必要です。それと同時に、礼拝も遊びも参加する人間がお互いに自由で平等であることが前提されており、自発的な意志を持ちよってその営みをかたち作っていくことが期待されています。」（『今、礼拝を考える』六五～六六頁）

遊びそのものは、本来、そうしたことを目的としているわけではないにもかかわらず、実に様々なかたちで遊びに参加する人々に働きかける。遊ぶ人は遊ぶための心構えや姿勢を自ずと求められ、「遊び」が遊ぶ人をかたち作っていく。遊びは仲間を生み出す。あるいはもともと仲間だった人々をさらに強く結びつける。遊びにおいては、個人、交わり、礼儀、信頼、自由、平等、自発的参与といった諸々の価値や徳目が尊重され、人々は遊びの中でそれらのものをさらに深く身につけていく。遊びそのものは人間の行為であるにもかかわらず、その行為から生まれるものがフィードバックするかたちで人々を育み、「遊びの共同体」を形成することが起こる。

礼拝においてもこれと同様のことが生じる。すなわち礼拝そのものがそれにあずかる人々に働きかけ、人々を育む恵みをもたらすのである。

礼拝から生まれる「副産物」

礼拝の持っているこうした「力」については、ウィリモンも礼拝と牧会の関係に関して、次のような警告と勧告を発している。

「私たちは牧会の新しい手段として礼拝を利用すべきではないが、礼拝の営みや礼拝で会衆が体験することは（二次的にであれ）牧会的機能を果たしているということである。礼拝において私たちが神に出会い、神が私たちに出会う時に生じる牧会は、重要な『礼拝の副産物』であり、私たちはそれをしばしば見過ごしにしてきたのである。」（『牧会としての礼拝』五五頁）

ウィリモンはここで「副産物」という言葉を使っているが、より聖書的な言い回しを用いるならば、「礼拝の実り」というふうに言い換えてもいいだろう。ウィリモンの言に倣えば、「私たちは礼拝の内包する力や働きや機能を（私たちの人間的な都合で）恣意的に利用してはならないが、しかしその『実り』を見きわめ、それを刈り取ることにもっと注意を傾けるべきである」ということになる。「利用すべきではないが、活用することが許されているもの」――それが「神と人間との聖なる戯れ」である礼拝から生まれてくる「力」であり、「実り」であると言えるだろう。

さらに付け足しておくと、意図するとしないとに関わらず、礼拝は必ず何らかの「実り」を生んでしまうという事実についても注意を払う必要がある。そうした実りの中には、「期待に反する実り」もありうるし、注意や配慮が足りなかったばかりにみすみす「貧しい実り」にならざるを得ないものもある。

自分たちの礼拝を客観的に判断したり評価したりすることはとても難しい。しかし、その礼拝がどのような「実り」を生み出しているのか（あるいは、いないのか）を注意深く見きわめることが、礼拝を考える重要なポイントのひとつであることは間違いのない事実である。(1)

3つの礼拝スタイルと本書の対象

さてこの論考では現代の日本のプロテスタントにおける礼拝について具体的な考察を加えることを意図している。その際、主たる考察の対象を「説教中心型の礼拝」に限定して検討するということを、まず最初に申しあげておきたい。

「説教中心型の礼拝」もしくは**「簡素な説教礼拝」**というのは、私自身の分類による現代日本のプロテスタント教会の主要な礼拝スタイルのひとつであり、おそらくもっとも多くの教会によって採用されている礼拝のことである。

プロテスタント礼拝の形式やスタイルに関して言えば、J・ホワイトは歴史的教派的な伝統と特徴を前提として九種類に分類し、P・バスデンは歴史性に加えて実際の礼拝形態などを勘案して五種類に分けている。これらの提案はそれぞれ神学的な妥当性を持つとは言え、必ずしも日本のキリスト教界の現状に当てはまるものとは思われない。

私見によれば、日本の場合、その実践と形態から見て、大きく三つのスタイルに分類することが可能であり、また現実的であるように思われる。便宜上、私はそれらを「リタージカル型」

「説教中心型」「コンテンポラリー型」と名づけている。これら三つのスタイルの概要と特徴は次の通りである。

「リタージカル型」とは、その源流を古代のキリスト教に発するもので、カトリックを経て、宗教改革期に誕生したプロテスタント教会の一部にも継承されてきた礼拝のスタイルを指す。具体的に言えば、聖公会やルター派などの礼拝にその影響が見られる。リタージカル・ムーブメント（礼拝刷新運動）の影響のもとで、二〇世紀後半以降、北米の主要なプロテスタントの中からもこうした礼拝を採用する教派が現れてきた。日本の場合、日本基督教団やカンバーランド長老キリスト教会が作成した最近の礼拝式文の中にこうしたスタイルが紹介されている。一般的特徴として、この礼拝スタイルは前半部の「み言葉の礼拝」と後半部の「感謝の礼拝／聖餐」を中心に構成され、その前後に、礼拝への導入部（礼拝への招き）と結びの部分（派遣と祝福）が位置づけられている。教会暦によって示された礼拝のテーマや聖書日課に基づき、（祈祷文や賛美歌を含む）礼拝書を用いて礼拝が行われる。司式者は祭服を身につけ、ロウソクその他の祭具も用いられる。説教は比較的短いことが多いようである。会衆は各種の祈祷、賛美、聖書朗読、奉献、聖餐など、礼拝の多くの場面で参与する機会を与えられている。また会衆の中には聖餐に第一義的な重要性を感じている人々が多いように思われる。

「説教中心型」（または「簡素な説教礼拝」）とは、一九世紀の世界宣教の時代に北米などの宣教師たちが日本を含む諸地域に紹介した、当時のシンプルな礼拝形式に由来するスタイルである。その発端は宗教改革者ツヴィングリが提案した聖餐を伴わない説教重視の礼拝に遡るという説もあるが、英国国教会の「早祷式」に由来するという説、アメリカのフロンティア時代の産物とする説など、諸説がある。この礼拝は文字通り（理念的にも時間配分からも）説教を中心としており、伝道的もしくは教育的な雰囲気が強く、その前後に、祈祷、賛美歌、聖書朗読、奉献（献金）などの諸要素を適宜に組み合わせて構成される。聖餐は付加的なもののように扱われることも多く、頻度も年に数回ないし月に一回程度である。このスタイルはリタージカル型の礼拝の前半部（「み言葉の礼拝」）を取り出して独立させたものと見なすこともできるだろう。司式者、説教者、奏楽者のトリオで礼拝を導くことが多いが、説教者が司式者を兼ねることもある。祈祷の多くは自由祈祷（即興祈祷）である。会衆の積極的な礼拝参与の場面は賛美歌（二〜三曲程度）などを除けば比較的少なく、礼拝における身体的な所作や動作による表現も乏しい。多くの会衆にとって、礼拝とは「説教を聞くこと」であり、説教（者）に対する評価がそのまま礼拝の評価につながることも多い。

「コンテンポラリー型」の源流は、アメリカの開拓期にフロンティアで行われた伝道（回心）を主眼とする礼拝形式に由来すると思われる。そのもともとの形式は「祈りと賛美」「説教」「聖餐」という三部構成から成るもので、一九世紀の北米における多くの教派に影響を及ぼした。さらにアフリカ系アメリカ人の伝統やペンテコステ運動の影響を指摘する研究者もいる。日本では一九七〇年代以降に紹介され、主に青年層を対象とする礼拝スタイルとして広がりを見せつつある。礼拝の構成は、最初に（ウォーミングアップ的な意味も込めて）一連の賛美・歌唱を行う場面があり、その後、各種の祈り、聖書朗読、説教、奉献（献金）などが行われるが、必ずしも聖餐を伴うわけではない。ワーシップソングやプレイズソングと呼ばれるジャンルの賛美歌が用いられ、拍手などの身体的表現による礼拝参与も豊かである。祈祷は自由祈祷であり、説教は概して長い場合が多い。このスタイルの特徴は活気に満ちた軽快で親密な雰囲気と、祈りと賛美を中心とした会衆参与の重視にあると言えよう。礼拝のリーダーシップは、司式者や説教者のほか、ソングリーダーと聖歌隊、各種楽器の演奏者などによって分担される。

これら三つの礼拝スタイルは、いずれもそれぞれの伝統と特質を持つものであるが、本書においては、この中から「説教中心型」を取りあげ、その課題と可能性を探ることに主眼を置く。このスタイルを取りあげることの意義は、第1章においても述べるように、それが今日の日本のプロテスタント教会においてもっとも広く用いられている礼拝スタイルであって、そこには多くの課題や問題が含まれているものの、しかしまた、それゆえにこそ多くの可能性も秘めているスタイルであると思われるからである。

第1章　礼拝改革の前提〜「簡素な説教礼拝」をめぐって

日本のプロテスタント礼拝の始まり

一九世紀後半、欧米の宣教師によって紹介されたプロテスタント礼拝はきわめてシンプルな式順と内容を特徴としていた。ピューリタンの流れを汲むとも言われるこの形式は、史上もっとも簡素化された礼拝のかたちであった。それは新しい伝道地である日本の状況にふさわしいものとして迎えられ、日本のプロテスタントの大半がこの形式を採用し、今日まで実践してきた。戦前の三大教派と言われた長老派（改革派）、組合教会、メソジストの場合も、神学的主張や教会的伝統の相違にもかかわらず、礼拝に関して言えば、実質的にほとんど同じものを共有していたのである。

こうした礼拝の実践に関する意識的な反省と新たな試みが始まったのは、いつのことだったのだろうか。日本における礼拝学の草分けである由木康は『礼拝学概論』の最終章において、日本の礼拝の歴史を概観した後、次のように記している。

「ひるがえって顧みれば、この国におけるプロテスタント礼拝の多くは、今なお伝道集会的な域を脱していない。」（二二八頁）

「かつてわれわれを先導したアメリカの礼拝が、その粗雑さを精算しつつある時、われわれは依然として過去の植民地的礼拝をくりかえしている。宗教改革者たちの神学は力説されているけれども、かれらの守った礼拝とはかけ離れた、自由主義的礼拝が至るところに行われている。」(二二八頁)

この著作の出版は一九六〇年。この時点において、由木は日本の礼拝が宣教当初の「伝道集会的な域」にとどまっていると断じている。他方、「アメリカの礼拝が、その粗雑さを精算しつつある」というのは、当時、生起しつつあったリタージカル・ムーブメントを念頭に置いた記述であろう。

カトリックの運動として一九世紀に始まったリタージカル・ムーブメントは、典礼式文の研究、教会暦の研究、グレゴリアン・チャントの復興といった豊かな成果を生み出した。その結晶こそが、一九六二〜六五年の第二バチカン公会議から生まれた『典礼憲章』だったと言える。

この動きは二〇世紀のエキュメニカル・ムーブメント(教会一致運動)とも連動し、WCC(世界教会協議会)も巻き込んでプロテスタントの諸教派に大きな影響を及ぼした。その成果がアメリカのプロテスタント諸教派における礼拝式文の改訂、賛美歌集の改訂、新しい教会暦と聖書日課の発表などといった顕著なかたちで現れはじめるのは主として一九七〇年代以降であったが、由木の文章はその胎動が一九六〇年の時点ですでに始まっていたことを証ししているように思われる。

「由木予言」と礼拝における新しい時代

由木は『礼拝学概論』の中で次のようにも記している。

「しかし失望するには当たらない。すでに時期は熟し、新しい時代は始まったのである。日本の教会が、神学思想だけでなく礼拝生活においても、さらにまされるものを実現しうる日は遠くないであろう。」（二二八頁）

時は流れて、今や半世紀以上を経過したわけだが、はたしてこの「由木予言」は成就したのだろうか。礼拝生活における「さらにまされるもの」とは何かという議論をひとまず置くとしても、そもそも自分たちの礼拝を意識的に振り返り、評価と課題を明確にし、何らかの新たな一歩を踏み出すことが、この六〇年ほどの間に起こったのだろうか。残念ながら、欧米で生じたリタージカル・ムーブメントに比肩するほどの顕著な変化が日本のプロテスタントに起こったとは思えない。しかしまた何も起こらなかったわけではない。このあたりの消息について、礼拝関係の重要な邦語文献の出版をひとつのメルクマールとして振り返って見よう。

一九七七年、日本における初めての礼拝辞典として岸本羊一・北村宗次の編集による『キリスト教礼拝辞典』が出版された。内容は小論文の集成という体裁で、取りあげられた項目数も限られていたが、個々の論文はきわめて専門性の高いものであり、超教派的な執筆者によるエキュメニカルな性格の文書でもあった。この時点における日本の礼拝学の水準を知る上でこの辞典は貴重な資料と言える。

一九八五年、『洗礼・聖餐・職務』が翻訳出版された。原典は、一九八二年、ペルーのリマで開催されたWCCの信仰職制委員会が発表したいわゆる「リマ文書」である。それは世界の諸教会・諸教派における洗礼、聖餐、職務の多様性や相違を明らかにしつつ相互理解と協調を模索する文書であり、その中に「リマ式文」と呼ばれる礼拝式文が収録されていた。これはその時の開会礼拝で用いられた式文であり、一九世紀以来のリタージカル・ムーブメントとエキュメニカル・ムーブメントのひとつの到達点を示す式文だったと考えられている。

一九九〇年、日本基督教団信仰職制委員会が『新しい式文―試案と解説』を出版した。この文書は日本基督教団という特定の教会の式文改訂の試みであったが、しかし日本の最大のプロテスタント教会が欧米のリタージカル・ムーブメントの成果を取り入れて発表した最初の試みとして画期的な意味を持つものでもあった。この文書の中で注目すべきものが「主日礼拝式順Ⅱ」であり、それは「み言葉の礼拝」と「聖餐」をふたつの中心としつつ、全体で六部構成から成る礼拝のかたちを提案している。

この時期に出版されたこれらの文書は、それぞれ礼拝に関する基礎的知識や世界的な動向を伝える貴重な資料としての役割を果たした。しかし印象として言えば、この時期の礼拝をめぐる関心と状況は、日本の教会において、ようやく「点」から「線」に変わりつつあるところであり、まだ「面」となるには至っていない観があった。礼拝の意味と実践に関わる議論はまだ一部の牧師や信徒の関心を集めるにすぎず、教会形成の重要な課題のひとつという意識が広く浸透するまでには至っていなかったように思われるのである。

一九九〇年代以降の変化

一九九〇年代後半から二〇〇〇年以降、礼拝に関して新しい動きが生じた。この時期の特徴として、礼拝に関する文献の出版がいっそう盛んになったこと、礼拝に関する関心が一般に広まり、諸教派・諸教会で様々な学びや実践が行われるようになったこと、さらに「コンテンポラリー型」の新しいタイプの礼拝が広く普及してきたことなどが挙げられる。こうした変化はそれ以前の時期における先駆的な働きの延長上にあるものであったが、他方、別の角度から見ると、この時期に浮上してきた、伝道の停滞や少子高齢化、教会学校・日曜学校の衰退・廃止などといった諸問題と関連して、教会の主要な活動である礼拝を根本から見つめ直す必要に迫られたという事情も横たわっていたように思われる。

この時期の文献で特筆したいのは、一九九七年に公刊された『讃美歌21』である。収録曲個々の評価はともかくとして、この本が日本のプロテスタント礼拝の歴史上初めて明確な「礼拝用の賛美歌集」というコンセプトのもとで編集されたことは画期的な意味を持っていた。こうした編集意図は『讃美歌21』の構成そのものにはっきり現れると共に、不十分ではあるが（招詞など）礼拝式文書の要素を含む点などに反映されている。

この時期にはまた世界的なリタージカル・ムーブメントの潮流のもとでふたつの礼拝式文が出版された。まず最初は、二〇〇一年に試用版が、そして二〇〇七年に『神の民の礼拝』という決定版が出たカンバーランド長老キリスト教会の礼拝書である。これと前後して日本基督教団からは『日本基督教団　式文（試用版）』（二〇〇六年／二〇〇九年）が出版された。これらの文書で提示された新しい主日礼拝はいずれも四部構成をとり、内容的にも高い共通性を備えている。これらの新しい式文がどの程度普及したかは明らかではないが、少なくとも日本基督教団に関する限り、一九九〇年の『新しい式文―試案と解説』と同様に、その影響は一部にとどまっているように思われる。

礼拝の実践に関してもこの時期にいくつかの変化が生じたことは事実であった。まず「教会暦」が広く知られるようになり、「聖書日課」を使用する教会が増加した。また聖餐の頻度が高くなってきたことも大きな変化である。日本基督教団の場合、かつては年に数回という事例が大半だったのに対し、現在は平均して毎月一回以上聖餐を実施する教会のほうが多くなってきている。この他にも礼拝順序の最後に「派遣」を明示することで、礼拝とは神が神の民をこの世へ送り出す出来事であるという認識をはっきり表現する教会も増えてきた。いずれもこの二〇年あまりの期間に生じた顕著な変化であると言えるだろう。

「礼拝改革試論」の視点と方向性

さて以上の概観を踏まえて、本書における「礼拝改革試論」の視点と方向性を確認したいと思う。主なポイントは二つある。すなわち、まず第一はキリスト教礼拝の本質を前提として、リタージカル・ムーブメントとエキュメニカル・ムーブメントのねらいと成果に沿ったものであること。第二は日本のプロテスタント教会の礼拝の歴史と伝統を踏まえたものであることである。第一のポイントは、すでに述べた「キリスト教礼拝とは、イエス・キリストを中心として行われる、神と神の民との公かつ共同の、出会いと交わりの出来事である」という定義を前提とし、また「由木予言」にも示される、近年の礼拝改革に関わる世界的な潮流を尊重するということを意味している。

第二のポイントは、本書の眼目となるところでもあるので、やや詳しく解説しておこう。まず、「日本のプロテスタント教会の礼拝の伝統」という時、果たしてそれが何を意味するのかという問題がある。そもそもそのようなものを私たちはかたち作ってきたのだろうか。

こうした問いに対して、残念ながら私たちははっきりした回答を持ち合わせてはいない。実際のところ、日本のプロテスタント礼拝に関する本格的な歴史的神学的研究はこれまでほとんど行われてこなかった。このことは日本のプロテスタント礼拝が研究対象として認められることなく、ひいてはひとつの礼拝伝統としての存在価値を認められていなかったことを意味しているのかもしれない。

だがこの一五〇年間にわたって日本のプロテスタント教会は現実に礼拝を行いつづけてきたのであり、そこに広く共通した礼拝の形式が存在したことは動かしようのない事実である。そしてその礼拝こそ一九世紀後半の日本に紹介されたあの「簡素な説教礼拝」のスタイルにほかならない。この事実をたんなる諸教会の惰性の結果とみなすべきなのだろうか。それともこのシンプルな礼拝にはそれだけの強靭な生命力が秘められており、今なお教会のニーズに応える力を発揮しつづけているということなのだろうか。もしその答えが後者であるとすれば、そこには時間と状況の中で培われてきた、ひとつの「伝統」と呼べる礼拝のかたちが息づいているとも言えるのではないだろうか。

私はリマ式文に代表される礼拝のかたち、また近年のカンバーランド長老キリスト教会や日本基督教団が発表した新しい式文の重要性を認めるし、こうした方向で新しい礼拝形成をめざす教会が増えてくることを望んでもいる。しかしまた私は現在の日本で広く行われている簡素な礼拝スタイルも決してたんなる過去の遺物や残滓（「過去の植民地的礼拝」！）ではなく、現に「今・ここ」で生きて用いられている礼拝なのだという事実を正当に評価する必要があると思う。そして私たちが「今・ここ」における「礼拝改革」を考えるとすれば、日本のプロテスタントにおいてもっとも広範に実践されている礼拝をまず取りあげ、そこからスタートすることこそもっとも妥当であると思うのである。

以上の理由から、この「礼拝改革試論」では、こうした「簡素な説教礼拝」にあらためて注目し、その特徴を考察することから議論を始めることにしたい。その長所と短所を分析し、先に示した第一のポイントに照らしつつ、検討を加え、より豊かな礼拝を形成する可能性について具体的な提言を示唆したいと思う。

第2章「簡素な説教礼拝」の分析と評価

日本基督教団『口語式文』「礼拝順序Ⅰ」を例として

「簡素な説教礼拝」の改革について具体的に論じる前に、本章ではこの礼拝スタイルの実態と特徴を確認する。次に示すのは、『日本基督教団口語式文』（一九五九年）に掲載されている「礼拝順序Ⅰ」（一九〜二〇頁）である。教派によって若干の違いは認められるものの、すでに述べたように明治期以来、プロテスタント教会の多くがほぼこのスタイルの礼拝を実践してきた。

前奏
招詞（聖句）
頌栄　または讃美歌
主の祈
交読
讃美歌
聖書
祈祷

讃美歌
信仰告白（使徒信条）
説教
祈祷
讃美歌
献金
報告
頌栄
祝祷
後奏

この式順では一八の礼拝の諸要素（「祈祷」「賛美歌」「説教」など）が列挙されている。しかしこの本には式順の構成意図も、個々の要素についての解説も、また具体的な祈祷文（例）なども含まれていない。つまりこれは礼拝のスケッチ的な概観図であり、この礼拝が意味するものについては何も示されていないということになる。

この本の「序」には次のような言葉が記されている。

「これらの式文は、（中略）絶対不変の規範ではなく、だいたいの基準を示すものであるから、これを採用するといなとは、各教会および各教職の自由であり、またある箇所を省略するかいな

かも使用者の裁量にまかせられている。」（七〜八頁）

合同教会という歴史に立つ日本基督教団の場合、礼拝に対するこうした柔軟な発想は必要やむをえざるものだったかもしれない。いずれにしてもこの式順は「だいたいの基準」として示されたものではあったが、実際にもっとも多くの教会で用いられていた礼拝のかたちだったのである。

さてしかし、礼拝のかたちには必然的に礼拝の神学が反映されることになる。それは意図するとしないとを問わず、そのかたちそのものによって表現される神学である。私たちは「礼拝順序I」を取りあげて、この礼拝スタイルの特徴とそこに反映している礼拝の神学について検討してみよう。

「礼拝順序I」の特徴（1）〜聖餐の欠落とその意味

この式順の最大の特徴は何だろうか。私見によれば、それは「聖餐」を含んでいないことにあると思う。すなわち礼拝の基本的な構成要素として聖餐が想定されていないことが、この式順の重大な性格なのである。「想定されていない」というのは奇妙な表現かもしれないが、実際、そうとしか言いようがないのであり、まさにこれこそが明治期以来の日本のプロテスタント教会の礼拝に共通する基本的な姿勢と理解を反映しているのである。この点は今後の試論の要点にも関わってくることなので、もう少し丁寧に説明しよう。

言うまでもなく、『日本基督教団口語式文』の中で聖餐がまったく無視されているわけではない。「第三部」のところで「九　聖餐式」としてその式文が掲載されており、ここに掲げた「礼拝順序Ⅰ」の「説教」と「祈祷」の後（あるいはさらにその後の「讃美歌」の後？）の部分で聖餐を行うこととされている。だが、この「九　聖餐式」の前には、「四　洗礼式」「五　幼児洗礼式」「六　幼児祝福式」などの特定の諸式が列挙されており、こうした位置づけから推測すれば、聖餐も通常の主日礼拝ではイレギュラーな式のひとつとみなされていたことになる。それが意味することは、聖餐を含まない礼拝こそスタンダードなものであって、聖餐は特別な場合の付加部分であるという理解である。

こうした礼拝理解や聖餐の位置づけには、すでに行われていた日本のプロテスタント教会の実態が正直に映し出されている。しかしあえて言えば、そうした現実をそのまま反映して「礼拝順序Ⅰ」として「基準」化することによって、日本基督教団は過去の大勢であった聖餐抜きの礼拝実践を保証《オーソライズ》する役割を（たとえ意図しなかったとしても）果たしたのであり、この礼拝の背後に横たわっている特定の神学的主張を承認《オーソライズ》することになった。さらにまたこの式文はそのような過去の礼拝スタイルと神学を継承しただけでなく、それを次の世代に伝達する役割を果たしたのである。

聖餐を含まない礼拝をスタンダードと見なすか、あるいは聖餐を含むものをスタンダードとするかは、礼拝の神学的理解においてきわめて大きな相違を生むことになる。キリスト教礼拝の歴史から言えば、二世紀半ばに出現した「礼拝の統一形式」と言われるものは「み言葉の礼拝」と「聖餐」から成る二部構成を持つものであった。この二部構成は「神によって集められる会衆、神のみ言葉を聴く会衆」といった「啓示」の性格の強い前半部から、「神の招きに応える会衆、神によってこの世へ派遣される会衆」という「応答」の性格の強い後半部への流れを有している。前半部の要をなすものが聖書朗読と説教であり、後半部では聖餐であった。この二部構成は近年の礼拝論で注目される会衆の参与という視点から見る時、前半部では主として受動的な位置に置かれた人々が、後半部では神のもとに近づき、聖餐卓に集い、さらにこの世界へ歩み出す能動的な主体へ変えられていくという、劇的な展開を表現するものでもあった。この意味で聖餐抜きの礼拝は、会衆の主体性や能動性の重視という面において大きく欠ける構造的欠陥を持つことになるのである。

「礼拝順序I」に二部構成の後半部を示唆する要素がまったくないわけではない。この式順で言えば、わずかに「献金」という項目において（それが聖餐に備える「奉献」の行為であると理解するならば）、会衆の応答を示す要素が示されている。だがそれは全体のバランスから見てあまりにも弱い応答と言わざるを得ない。

後に検討する礼拝改革の要点のひとつは聖餐の再考である。キリスト教礼拝全体の歴史的伝統からばかりでなく、礼拝の基本的な神学という点から見ても、礼拝のスタンダードは聖餐を含むかたちであることが望ましい。またそうした聖餐の実践に関しても、頻度のみならず、その形式と内容の様々な点において検討を加える余地がある。

「礼拝順序Ⅰ」の特徴（2）～「簡素な説教礼拝」

この式順の第二の大きな特徴は、前述した聖餐の欠落と表裏一体のこととして、またそれゆえにこそ目立つこととして、礼拝全体が「み言葉の礼拝」に集中している点にある。まさしくそれは「簡素な説教礼拝」なのである。

ここには明治期以来の日本のプロテスタント教会が必要としていたかたちが表現されていると言えよう。日本という新しい伝道地にあって、礼拝はシンプルでなければならなかった。キリスト教の礼拝に初めて出席する人々が容易について行けるかたちが求められたのである。さらに教育という面からも、聖書主義に立つプロテスタントがキリスト教を伝える上で、礼拝は聖書の説き明かしに重点を置いたものでなければならなかった。幸いに（？）この時代のアメリカのキリスト教は、ピューリタン的な自由教会の伝統やリバイバル以来の伝統を引き継いで、こうした要請に応える「簡素な説教礼拝」のかたちを実践していた。太平洋を渡って輸入されたこの礼拝形式は新しい伝道地の需要に応えるものとなった。そして、一方ではシンプルであるがゆえの強みを発揮しながら、他方ではこれ以外の選択肢となる礼拝の予備知識や実践的な蓄積を持たなかったがゆえに、日本においてこの形式が広くそして長く受け継がれることとなったのである。

この礼拝のシンプルさは、今もなお毎週の礼拝において新来会者を迎えることの多い（換言すればいつも伝道礼拝的性格を求められる）日本の礼拝において、引きつづき一定の強みを発揮していると言えよう。同じく聖書と説教を中心とする点も、教育を重んじるプロテスタントの礼拝にとって今日なお有効な性格と考えることができる。

シンプルであることの強みは、この礼拝がごくわずかな条件設定のもとで実践できるという面にも現れている。聖餐卓の必要はないし、聖餐のパンやブドウ酒も不要。聖公会のように会衆が礼拝式文（『祈祷書』）を手にする必要もない。ロウソク、香、典礼色などのシンボルもいらない。最低限必要なものと言えば聖書と賛美歌であり、説教壇とオルガンがあればほぼ十分である。礼拝を導くことも司式者・説教者・奏楽者の三人、もしくは司式と説教を担当する牧師と奏楽者の二人で可能となる。さらに言えば、シンプルであることそのものが日本の伝統文化における一種の美的感覚や倫理的な好みに訴えるところがあったと想像することもできる。いずれにしろ私たちはこうした特性を持った礼拝に意識的に対峙し、改めて批判と評価を行うことが求められているのである。

「礼拝順序Ｉ」の特徴（３）～会衆の位置づけ

最後にこの礼拝の第三の特徴として、会衆の礼拝参与の弱さ、とりわけ礼拝を導く上での役割分担における弱さを指摘したい。信仰共同体としての教会は礼拝共同体であり、礼拝は神の民が集い、神の民が神と出会う出来事である。「礼拝／典礼」を意味するギリシア語の「レイトゥルギア」が「人々の仕事」「神の民のわざ」という意味を持つことの重要性を私たちは想起する必要がある。

「礼拝順序Ⅰ」には、礼拝のそれぞれの役割を誰が担うかということに関する示唆は一切出てこない。しかし実際には多くの教会で（前項でも述べたように）司式者・説教者・奏楽者といった限られた人々によって、礼拝のリーダーシップが担われてきた。少数者によるリーダーシップは効率的な礼拝の実践を可能にする。しかしこうした礼拝の省力化には大きな負の落とし穴も存在する。それは会衆を礼拝の観衆・聴衆といった受け身的な立場へ追いやり、礼拝における当事者意識とも呼ぶべきものを弱める働きをする可能性があるということだ。

会衆が礼拝において受動的な位置に置かれるようになったのは近年のことではない。はるか昔、中世、さらには古代にまで遡るキリスト教礼拝の深刻な課題のひとつは、この会衆の位置づけをめぐる問題だったのである。それは教会の中に司祭などの礼拝の専門家集団が登場し、会衆に代わって礼拝を導くようになった時代に始まったきわめて根深い問題であった。宗教改革者たちは、聖書の各国語訳を通して、また会衆賛美歌や式文の採用によって、さらに聖餐の頻度を高めることによって、礼拝に対する会衆の理解と参与を回復することに努めた。その試みは大きな成果を生んだが、なお十全なものとなるには至らなかった。聖餐の回復は思うようには進まなかったし、やがてミサの執行者である司祭に代わって説教者としての牧師が礼拝の主役と言うべき位置を占めるようになっていったのである。

礼拝における会衆参与の問題は、このような長い歴史的経緯のもとにおける現在進行形の課題である。それは礼拝の中で会衆がどのような位置づけと役割を担うかという問題であり、礼拝のリーダーシップの多様性に関わる問題であり、さらに礼拝の計画や準備、その評価と反省に教会全体がどのように向き合うかという次元にまで及ぶ問題である。そしてまたそれは「どのような礼拝共同体を形成するか」という問いに通じる問題であり、究極的には、「どのような信仰共同体、すなわち教会を形成するか」という教会形成の問題に結びつく問題でもあるのだ。

第3章　礼拝の構成と流れ〜式順の改革試案

前章までの考察を踏まえて、ここからはいよいよ礼拝改革の具体的な試案（私案）について検討していきたいと思う。取りあげる主な内容は、礼拝の構成と流れ（第3章）、礼拝の主題と教会暦の活用（第4章）、聖餐をめぐるもろもろの課題（第5〜7章）、会衆参与と礼拝のリーダーシップ（第8〜10章）、そして礼拝の計画・評価・反省（第11章）である。

礼拝の構成と流れ

本章では礼拝全体の構成と流れを取りあげる。まず大切なのは、そもそも礼拝には「構成」があり「流れ」があるという事実を私たちが意識化することである。礼拝はその構造において有機的な一体性を持っており、決してバラバラの要素の寄せ集めではない。キリスト教礼拝におけるメッセージは、聖書や説教などの個別の要素によって発信されるだけでなく、礼拝全体の構造からも発せられるということを私たちは意識しなければならない。

礼拝は神と神の民の間で起きる出会いと対話であると述べたが、それは行きあたりばったりの遭遇でもなければ、雑談や噂話を交わすことでもない。礼拝は神と人間の織りなすドラマだと語る人もいるように、この出会いと対話はひとつのストーリーを持ち、「起承転結」とも言うべき明確な展開を伴う一連の出来事である。そこではある種の「前進する感覚」が大切なものとなる。こうした構成や流れの基本となるのは、前章でも述べた古代の「統一形式」以来の礼拝の二部構成である。繰り返しになるが、神から神の民へという啓示的性格の強い前半部から、神の民が神に応える応答的性格の強い後半部に至る流れが、この二部構成の特質であり、神と神の民はこの流れの中で出会い、神の言葉（聖書、説教など）と神の民の言葉（祈り、賛美歌など）を通して対話を交わしながら、礼拝というドラマを造りあげていくのである。

近年の礼拝順序の新たな試みにおいては、こうした伝統的な二部構成に加えて、本書の冒頭で述べた「リタージカル型」のスタイルに見られるように、礼拝への導入部（礼拝への招き）と結びの部分（派遣と祝福）を独立して位置づけた、四部構成の礼拝という式順が多く見られるようになってきた。こうした四部構成におけるキリスト教礼拝の基本的な構成と流れを「起承転結」という視点からまとめなおしてみよう。それはまず最初に神のイニシアティブのもとで神の民が礼拝に招かれ集められることから始まり（「起」）、神のみ言葉を通してイエス・キリストにおいて頂点に達した神のわざを想起すること（「承」）、そして神への応答を通して私たちが神の民であることを感謝し確認することへと展開し（「転」）、最後に神のわざにあずかるものとして会衆がこの世界へと派遣されていくこと（「結」）によって完結する礼拝構成であると言うことができる。

以下の叙述では、こうした認識に立って、「簡素な説教礼拝」の構成や流れを再検討し、改善や改革の可能性について考えてみることにしよう（次頁「簡素な説教礼拝」の式順と改革試案（対観表）参照）。

「簡素な説教礼拝」の式順と改革試案（対観表）

「式順1」	「式順2」	「式順3」
	【神の招き】	【神の招き】
前奏	前奏	前奏
招詞（聖句）	招詞（聖句）	招詞（聖句）
頌栄　または讃美歌	頌栄　または讃美歌	頌栄　または讃美歌
主の祈	主の祈	
交読	交読	祈祷（開会の祈り）
	【神の言葉】	【神の言葉】
讃美歌	讃美歌	讃美歌
聖書	聖書	聖書
祈祷	祈祷	
讃美歌	讃美歌	

信仰告白（使徒信条） 説教 祈祷 讃美歌	献金	報告 頌栄 祝祷 後奏
信仰告白（使徒信条） 説教 祈祷 讃美歌	【感謝の応答】 献金	【派遣】 報告 頌栄 祝祷 後奏
説教 （祈祷） 讃美歌	【感謝の応答】 信仰告白 祈祷（とりなしの祈り） 献金（奉献） 主の祈り （聖餐）	【派遣】 報告 頌栄　または讃美歌 祝祷（派遣と祝福） 後奏

礼拝式順の改革①〜分割して統合する

最初に礼拝の構成と流れを礼拝に参加する会衆が意識化し共有するための工夫について考えてみよう。換言すれば、礼拝全体の見取り図を会衆に提供し、「今私たちはどこにいるのか」「今この場面で何が起こっているのか」「この次に私たちはどこに進んで行くのか」を示す道しるべを用意する工夫である。

まず提案したいのは礼拝順序を「分割して統合する」というやり方である。幸いなことにほとんどの教会では週報や礼拝のプログラムを用意しているはずである。そこに記された順序の表記にちょっとした工夫を加えることで、こうした見取り図と道しるべを提供することができる。

「式順1」と「式順2」をご覧いただきたい。「式順1」は先に引用した『日本基督教団口語式文』の「礼拝式順序Ⅰ」である。礼拝の諸要素を羅列しただけのこの順序を礼拝の四部構成に照らして、四つのブロックに分けてみよう。そしてそれぞれのブロックの焦点とねらいを明示する「小見出し」をつけてみよう。

「式順2」がその結果である。**「神の招き」「神の言葉」「感謝の応答」「派遣」**と記した「小見出し」は、二〇〇六年の『日本基督教団　式文（試用版）』における名称をそのまま用いている。カンバーランド長老キリスト教会の礼拝書である『神の民の礼拝』の場合、同じく四部構成を取りながら、各ブロックを**「集められる神の民」「神の言葉を聴く神の民」「食卓を囲む神の民」「散らされる神の民」**としている。礼拝に集う会衆の視点から表現と用語を統一するという点で優れた命名だと思う。

さてこうして分割した礼拝順序を見ながら、その内容について考えてみよう。まず「式順2」を見てすぐに気づくのは、第三ブロックの「感謝の応答」がいかにも貧弱であることだ。この点は（第二章で述べたように）この「礼拝式順Ⅰ」の本質が「簡素な説教礼拝」であることから来る結果である。「簡素な説教礼拝」の実態は古代以来の二部形式から後半部の聖餐を除外したものである。そして聖餐《ユーカリスト》こそまさしく「感謝の応答《ユーカリスト》」そのものであるがゆえに、聖餐を欠いた礼拝がその構成と流れにおいて著しくアンバランスなものとなることは避けることのできない成り行きなのである。

次に気にかかるのは、四部構成のうち、第一ブロックに「頌栄」「主の祈り」「交読」と礼拝の応答的要素（人間から神への働きかけ）が立てつづけに置かれていることである。神からの働きかけ（「啓示」）がまず先行的主導的な位置を占め、神の民がそれに応える（「応答」）という礼拝の本質からすれば、この部分はいささか「応答」が多すぎる。ついでに記せば、第二ブロック冒頭の「讃美歌」も応答の要素だから、ここでは前後四つの「応答」がつづくわけで、対話というより人間側の一方的な語りかけがつづくことになる。

まとめて言えば、この礼拝順序から受ける印象は、（二部構成の礼拝のうちの）前半部中心の頭でっかちな印象であり、しかも「応答」先行で「啓示」後続という一種の逆転現象（？）が起きているイメージである。

余談だが、多くの教会では賛美や祈祷といった「応答」の場面では会衆が起立することが多い。

礼拝を撮影したビデオを早回しするとよくわかるが、こうした礼拝では会衆が最初のほうで立ちっぱなし、それ以降はだいたい座りっぱなしで、前半と後半で好対照（？）が見られるのである。これと反対に、ルター派などの礼拝では、前半では賛美も含めてほぼ会衆は座ったままで、後半以降に（聖餐を含めて）立つ場面が多くなるが、こちらのほうが「啓示から応答へ」という流れや会衆の受動性から能動性への変化を視覚的にも体験的にもはっきり表していると言える。

礼拝式順の改革②〜二部構造のバランス

さてこうした「式順2」の問題に対処するために、最低限の改変を加えた試案が「式順3」である。前項で述べた欠陥を補うために、まず第三ブロックの「感謝の応答」に相応しいものを、前半部の「神の招き」と「神の言葉」から移動して位置づけた。すなわち「信仰告白」「主の祈り」を後半にまわし、さらに「祈祷（とりなしの祈り）」をここに置いた。

礼拝の意味的な流れから言えば、第二ブロックの「神の言葉」によって、神の民は「自分たちが何を信じているか」（主イエス・キリストとその福音！）、「自分たちが何ものであるか」（主イエス・キリストの弟子！）を想起し確認する。第三ブロックでは、それゆえに自分自身の言葉と声でそのことを告白し（「信仰告白」）、主の弟子として他者と世界のために祈りを献げ（「執り成しの祈り」）、さらに献身と感謝を献げるのである（「献金」）。

こうした変更は、第二ブロックにおける諸要素の配列を再考・整理するという意味も持っている。聖書朗読と説教を中核とするこの「神の言葉」の部分で、「聖書」「祈祷」「讃美歌」「信仰告白」「説教」とつづく一連の要素はいったい何を意図しているのだろうか。もともとは何らかの礼拝の神学がひそんでいたのかもしれないが、二部構成（四部構成）の礼拝の流れや構成から見る時、この部分の「祈祷」以下の三つの要素は、聖書と説教の緊密なつながりを妨害する障害物でしかなく、時間的にも意識の上からも両者を分断するというデメリットを生んでいる。それは（必ずしも冗談ではなく！）「聖書朗読で読まれた内容を会衆がようやく忘れた頃に説教が始まる」という事態を招いているのだ。聖書と説教を可能な限り近い位置に置くことは、礼拝の構成を考える際の基本のひとつである。

さてしかし何と言っても、礼拝の第三ブロックにおける「応答」の本命は聖餐に他ならない。この「式順3」では「聖餐」をいちおう括弧でくくっておいたが、本来ならば、毎週、聖餐を実践することが望ましいのである。聖餐そのものの改革については第5〜7章でふれるので、ここでは第三ブロックに含めたその他の要素について、聖餐との関連で少し解説しておこう。「献金」（奉献）は、そもそも古代教会において聖餐に用いられるパンとブドウ酒を献げる行為であった。また「主の祈り」も聖餐の枠組みの中で信徒だけが唱えることを許された特別の祈りだった。つまり献金（奉献）も「主の祈り」も聖餐の一部を構成する行為だったのであり、仮に聖餐が行われない時でも、これらの要素をここに置くことで、「感謝《ユーカリスト》の応答」の中核である聖餐《ユーカリスト》を連想させる働きを担うことが期待されるのである。もちろん礼拝における「主の祈り」の位置をここに限定すべきであると主張するつもりはないが、礼拝の構成と流れを検討する上で、「主の祈り」のこうした位置づけが、神学的観点からも歴史や伝統という観点からも一定の妥当性を持つということは確認しておきたいと思う。

最後に「式順3」における「祈りの分散配置」という工夫について述べておきたい。「式順2」の第二ブロックで「聖書」の後に「祈祷」が置かれている。これはいわゆる「牧会祈祷」であり、牧師が祈るにせよ司式者（信徒）が祈るにせよ、礼拝における主要な祈りの位置づけを与えられている場合が多い。しかしこうした牧会祈祷については、内容が多岐にわたるあまり「積み込み過ぎ」（J・ホワイト『キリスト教の礼拝』二三三頁）になり、時間的にも長々しくなり、かえって祈りのねらいや内容がぼやけてしまうことになりかねないといった問題が指摘されている。また祈る人が特定の人物に限定されてしまうことになる。これらの問題に対応するため、「式順3」では祈りをそのねらいや内容に沿って礼拝の各場面に分散して配置するという工夫を行った。すなわち第1ブロックでは感謝・賛美、さらに罪の告白を含む「開会の祈り」を、第三ブロックには隣人と世界を覚えて献げる「執り成しの祈り」を、また献金や聖餐との関連のもとで「主の祈り」を、という具合である（これらの祈りの内容や祈り手、祈り方、祈りの作り方については第10章参照）。

なお「式順1」や「式順2」の「交読」という要素について付記すると、これは多くの場合「詩編交読」を意味するものと思われるが、私にはなぜこの場面で詩編が用いられるのかわからない。詩編はキリスト教礼拝において重要な意味を持ち頻繁に用いられてきたものではあるが、なぜこの位置に置く必要があるのか、礼拝の構成と流れの中でどんな意味を持つのかがはっきりしないのである。詩編は祈りであるから、この位置に置かれるとすれば、開会の祈りとして、神への感謝・賛美あるいは罪の告白としての役割を果たすべきであるが、しかし詩編の内容は必ずしもそうした開会の祈りにふさわしいものばかりではない。もし開会の祈りとして詩編交読を行うとすれば、ここで用いる詩編はそれなりに精査し選択することが求められる。他方、詩編については次章で示すように聖書朗読の中のひとつとして用いるという方法もある。

ともあれ以下の論述においては、ここに示した「式順3」をひとつの叩き台として、礼拝のもろもろの課題と可能性について考えていきたいと思う。

第4章　礼拝の「主題」と教会暦

「礼拝の主題」とはなにか

今回、考えてみたいのは「礼拝の主題」である。そもそも「各主日の礼拝にそれぞれ主題がある」という考え方自体、日本の多くのプロテスタント教会にとってはあまりなじみのないものかもしれない。

しかし礼拝の主題という考え方が私たちにまったく無縁のものではないことも事実である。わかりやすい例として、イースターやクリスマスの礼拝を考えてみよう。こうした重要な祝祭日に「イエス・キリストの復活」とか「救い主の誕生」といった主題が存在することは誰の目にも明らかである。その日の礼拝ではこの主題にふさわしい聖書箇所が選ばれるし、賛美歌も祈祷も主題に対応したもの、そしてもちろん説教も主題と関連したものとなるに違いない。これと同様にイースター前の主日（「棕櫚《しゅろ》の主日／枝の主日」）やクリスマス前のアドベントの主日には、それぞれにふさわしい主題とそれに対応した礼拝の諸要素が準備されることだろう。あるいはまた、「母の日」とか「収穫感謝」とか「召天者の記念」といった特定の行事が礼拝の主題となることもある。その場合にもそれぞれの主題に対応した礼拝が行われるはずである。そのように各主日の礼拝の主題が明確であればあるほど、礼拝の諸要素の選択もおのずと方向づけを与えられ、礼拝の一貫性もたしかなものとなっていくのである。

礼拝の本質は私たちが神と出会い交わることにある。つまりそうした出会いと交わりこそ礼拝の根本的な主題なのだ。そして、私たち人間の生、世界、歴史が実に複雑で重層的な性格を持つと共に、神はこうした人間の置かれたもろもろの具体的な現実に対して真剣に向かい合ってくださるかたであるがゆえに、神と私たちの出会いや交わりは必然的に多様なかたちと内容を持たざるを得ないことになる。神の恵みと憐れみの豊かさゆえに、すなわち福音の豊かさゆえに、ただ一度の礼拝で私たちと神の出会いのすべてを表現しつくすことはできず、またその豊かさを味わいつくすことはできない。だからこそ私たちはこの豊かな福音を様々な面から理解し体験できるような礼拝を絶えず求めつづけるのである。そうした探求のカギとなるのがそれぞれの礼拝の主題である。換言すれば、礼拝の主題とはその主日に私たちがとりわけ注目すべき福音の具体的側面とその内容を提示することなのである。

礼拝は個々バラバラの要素（聖書、賛美歌、祈り、説教など）の適当な寄せ集めで成り立つものではない。その日の礼拝の主題が確定すれば、それを中心に適切な要素を選んだり準備したりすることが可能になる。そしてこれらの諸要素の緊密かつ有機的な結びつきから、明確なメッセージと大きな力を持った礼拝が生まれる。だからこそ礼拝に主要な責任を担う人々（牧師、奏楽者、礼拝委員など）は、礼拝の主題をきちんと確認し共有する必要がある。さらにまた、それは一回ごとの礼拝だけでなく、数週間先、あるいは半年先、一年先といった中長期的な礼拝計画のもとで意識される必要があるのである。

教会暦とその活用

さてしかし実際のところ、毎週の礼拝の主題、そして年間の各主題を、ひとりの牧師や礼拝担当者がゼロから準備し計画することは、とほうもない負担と困難を要する大問題となる。ましてそれを何十年にもわたってひとつの教会で継続するのはほとんど不可能であろう。それゆえに私たちはこの課題の手がかりや拠り所を必要とするのだが、そのためのもっとも有益なリソースこそ**「教会暦／典礼暦年」**Church Year / Christian Year にほかならない。

J・ホワイトは礼拝と教会暦の関係について次のように語っている。

「教会暦の慎重な活用こそ、何ものにもまさってキリスト教礼拝における多様な関心と変化への源泉となる。（中略）私たちがなんらかの礼拝計画を立てようとする場合、まず最初に問うべきことは、『その礼拝は教会暦のどの時期に行われるのか』という問いである。この問いに対する答えこそ、私たちが礼拝計画を立てる上で、最初の、そして最善の手がかりとなるものである。」（『キリスト教の礼拝』一〇五頁）

周知のように教会暦とは、イエス・キリストの受肉から始まり（アドベントからクリスマス）、イエスの働きと教え、そして受難から復活（レントからイースター）、さらに聖霊降臨によって誕生した教会の歩み（ペンテコステ以降）にいたる、一連の祝祭と期節から構成されるキリスト教会独自のカレンダーのことである。教会暦のバックボーンとなるのは救済史の思想であって、上述したイエス・キリストの出来事は天地創造から始まり終末の希望にまで至る大きな枠組みのもとに位置づけられることになる。二〇世紀後半以降、カトリックのみならずプロテスタントの多くの教派も、教会暦に基づいた礼拝の年間計画を採用するようになってきた。教派や伝統によって多少の差異はあるものの、教会暦の意義と基本的な構造はいずれもほぼ共通している。

教会暦では一年間の五二回ないし五三回のそれぞれの主日に主題が割り振られている。それが個々の主日の意味と位置づけを明らかにすると共に、通年の礼拝の連続性と関連性を保証するものとなる。教会暦は個々の主日、また一定期間に及ぶ期節《シーズン》、そして一年間全体の「キリスト教会の時」を意味づけると共に、それらすべてをバランスのとれたかたちで統合する働きを果たすのである。

こうした教会暦を実体化し裏づけるものがその日の主題に対応して選ばれた**「聖書日課」**Lectionary である。聖書日課は、通常、旧約聖書、使徒書、福音書の三箇所から主題に関連する箇所が選択されており、そうした聖句相互の「響き合い」を通じてその日の主題を浮かびあがらせることが期待されている。

一例として、日本基督教団の二〇一九年八月第三主日の教会暦を見てみよう。この日の礼拝の主題は「隣人」、聖書日課は出エジプト記二二章二〇～二六節、ローマ書一二章九～二一節、ルカ福音書一〇章二五～四二節、さらに旧約への応答の詩編として、詩編一二二編一～九節が示されている。出エジプト記は「人道的律法」の一部で、寄留者や寡婦や孤児などに対する配慮を求める箇所。ローマ書は「喜ぶ人と共に喜び、泣く人と共に泣きなさい」（一二・一五）を含む愛の交わりを勧告する箇所。そして福音書は「善いサマリア人のたとえ」である。これらの主題と聖書箇所を基礎として、礼拝のその他の要素、すなわち賛美歌、祈り、招詞などを選択し、また説教を準備することによって、礼拝の一貫した全体像がかたち作られていくことになる。

教会暦の期節的な位置づけからすれば、この時期はペンテコステ以降の「聖霊降臨節」にあたっており、初期教会の歩みを学び自分たちの教会と信仰を振り返ることがこの期節全体の主題となる。そうした枠組みの中で、この主日はとくに信仰共同体における「隣人愛」という主題に焦点を当てているのである。ちなみにこの主日の前後の週の主題について言えば、「女性の働き」（二週間前）、「苦難の共同体」（一週間前）、「主の来臨に備える」（一週間後）、「信仰の証し」（二週間後）とあって、同じく教会形成に関わる一連の主題が取りあげられていることがわかる。

すでに述べたように福音の豊かさはただ一度の礼拝や説教によって表現しつくせるものではない。W・ウィリモンが語るように、「福音とは多面的な宝石のようなものである。そして教会暦は輝きに満ちたその宝石の様々な面のすべてを私たちに体験させてくれるのである。」（『礼拝論入門』一七頁）

長い伝統の中から生まれ、歴史によって検証されてきた教会暦というリソースは、私たちキリスト者の共通の財産であり、福音の豊かさをバランスよく示す礼拝を計画するための堅固で明確な土台を提供する。礼拝の主題と計画を考える際には、まずこのリソースに立ち帰ることを強く推奨したいと思う。

主題選定に関するその他の可能性

　ところで教会暦以外にも礼拝の主題を提供する手がかりとなるものが存在する。その中から、ここでは教会の特定行事の暦（以下では「行事暦」と記す）による主題、そして（連続講解説教における）聖書テキストによる主題ということについて考えてみよう。

　いわゆる**「行事暦」**とは、先に記した「母の日」や「収穫感謝」のように特定の地域や時代の習慣や理念から生じてきた祝祭や記念を意味している。個別の教会が祝う「創立記念日」などもこうした行事暦のひとつと言える。それはキリスト教の普遍的伝統や聖書に根ざす共通性を有する教会暦とは異なる系統に属する暦である。行事暦の個々の祝祭や記念は相互に関係するわけではなく、組織的に一年間を網羅する暦でもない。

　教会暦と行事暦の併用は多くの教会で実践されているが、両者が異なるコンセプトのもとにあることを意識することは重要である。行事暦の特徴と長所は、その時代・その地域・その特定の教会にとって、具体的で重要と思われる事柄を想起し祝う点にある。そうした礼拝の主題は、その教会に集う人々にとって、とりわけ身近で意味深い福音の一面を開示するものとなる。しかしその反面において、行事暦がその個別性や特殊性のゆえに一定の限界を持つことも認識しておかねばならない。そうした長所と短所をわきまえた上でこの行事暦による主題を生かすことができれば、私たちは教会暦に示された福音の普遍的な側面と共に、行事暦が示す福音の個別的で親密な側面を体験することになるだろう。

次に聖書テキストによる主題として、**「連続講解説教」**を重んじる教会の礼拝について考えてみたい。プロテスタントの中でも改革派・長老派の伝統に連なる教会などでは、特定の聖書の文書をテキストとして取りあげ、毎週の礼拝で順次読み継ぎ、またその箇所を講解して説教する習慣を持つ教会が数多く存在する。この場合、その日の聖書箇所が礼拝全体の主題を設定していると考えることもできる。論理的に言えば、そうした聖書の箇所を中心に礼拝の諸要素（賛美歌、その他）が選択され組み合わされ、また説教が準備されることによって、礼拝の主題が具体化されていくことになる。聖書の文書を組織的に学ぶという点において、連続講解説教という方法が有益であることは誰しも認めることであろう。しかしそこにも短所がないわけではない。教会暦による主題の設定が福音の多様な内容を年間を通して可能な限りまんべんなく体系立てて提示する試みであるのに対して、聖書の特定の文書を連続して使用する場合、そのひとつの文書の内容が一定期間にわたって毎週の礼拝の主題として用いられることになる。私自身の経験では、マタイ福音書の連続講解説教は（断続的であったが）二年以上を要したし、新約聖書の書簡なども数週間から数か月を要した。特定の文書が礼拝の主題としてこのように長く継続することをどのように評価したらよいのだろうか。さらに言えば、多くの場合、どの文書を取りあげるかという責任は説教者（すなわち牧師）に託されることが多いと思われるので、聖書の選択、さらには礼拝の主題の選択において、説教者個人の神学や信仰が大きな位置を占めることになる。以上のような特徴を直ちに是か非か決めつけることはできないにしても、教会暦が試みる年間を通して福音の豊かさをバランスよく提示するというねらいに比較して、大きな課題が残るのは事実であろう。

結論を先取りして言えば、先の行事暦の場合と同じく、連続講解説教による礼拝もまた教会暦や聖書日課による礼拝と併用することが可能であり、それによって両者の長所を生かしあうことも可能である。ごく単純な方法として、ある年は教会暦に基づいて礼拝を行い、その次の年は連続講解説教を土台とする礼拝計画を立てるということが考えられる。あるいはまた一年の中で両方の主題を使い分けることも考えられる。私の場合、教会暦と聖書日課による礼拝を基本としていたが、年によっては、アドベントからペンテコステ（聖霊降臨日）までの半年間は教会暦に従い、その後の半年は連続講解説教を行ったこともある。また渡辺正男が語るように、一年を三期に分け、「待降節から復活節までは福音書に学びます。（中略）次に、聖霊降臨節の前半、三～四か月使徒言行録や手紙の一書に学びます。そして、聖霊降臨節の後半、つまり九月から十一月まで三か月、旧約聖書の一書を選んで学びます」（越川弘英・松本敏之監修『牧師とは何か』三七一頁）という方法もある。

教会暦にせよ、行事暦にせよ、連続講解説教にせよ、それらは私たちの礼拝を拘束する規範でもなければ戒律でもない。要するに神と人間の豊かな出会いと交わりのもとにおいて、「今日、この日の礼拝で、私たちはどのような福音の輝きに注目するのか」ということこそ、礼拝の主題を問う原点である。個人的には教会暦の活用から多くの有益な結果を与えられたと考えているが、いずれにしても礼拝の主題や教会暦といった問題は、私たちの礼拝理解とその実践においてまだ緒に就いたばかりの問題であると言えるだろう。私たちは創造的な試行錯誤を積み重ねながら、これらの課題に取り組んでいかなければならない。(2)

第5章　聖餐のシェイプアップ（1）～聖餐の意味と主題

聖餐をめぐる課題

キリスト教の礼拝が「み言葉の礼拝」と「聖餐」から成立するという考え方は、少なくとも理念としては、近年、多くの教会で認められるようになってきたように思う。しかし実践のレベルからすれば、プロテスタントの場合、今なお聖餐の頻度や内容は貧弱なままにとどまっていると言わなければならないだろう。

サクラメントは言葉と行為とモノ（物素）から成り立つ。それは高度な象徴性を有し、個々の礼拝参加者の五感に訴える体験的な出来事である。このことは正教会やカトリック、聖公会などの聖餐に参加するなら、説明するまでもなく実感として了解しうる事実である。むろんこれらの教派とプロテスタントでは聖餐の神学的理解をはじめ種々の相違が存在することは否定できない。あるいは象徴性やドラマ性の高い聖餐が、実体変化説のような非プロテスタント的な理解を助長したり、さらには偶像崇拝につながるのではないかといった懸念を持つ人々がおられるかもしれない。

しかしそうした「おそれ」（?）を過度に強調するあまり、聖餐の持つ出来事性、体験性、ドラマ性といったものをあまりにもおろそかにしてきたのが、これまでの日本のプロテスタント教会の現実だったのではなかろうか。暴論という批判を覚悟で記すが、はっきり言って日本のプロテスタント教会の聖餐のほとんどは「つまらない」のだ。この「つまらなさ」の背後には、神学的な意味での問題、式文の内容や構造における問題、聖餐における牧師（司式者）や会衆の参与に関する問題、そして物素（パンとブドウ酒／ブドウジュース）とその取り扱いに関する問題など、いろいろな次元が積み重なっている。思いつくままにそうした事例のいくつかを挙げてみよう。

まずあのキューブ状に切り分けられたパン。頭の中でこれは意味深い大切な営みなのだといくら自分に言い聞かせてみても、「キリストの身体がサイコロになっている」という情けなさ、あるいは苦笑いしそうな思いはどうしようもない。「パンは一つだからわたしたちは大勢でも一つの身体です」（第一コリント一〇・一七）と告げたパウロの主張はいったいどこへ行ってしまったのだろう。

次に牧師ひとりが延々と式文を読みつづけ、会衆はひたすら聞き役にまわるというやり方。中世において会衆の存在を必要としないまでに司式者中心の儀式に堕したミサに対する反省を踏まえ、プロテスタントは会衆の積極的な礼拝参与を目指したのではなかったか。会衆と司式者が互いに歌いつつ祈りつつ行われる正教会やカトリック、聖公会の聖餐から、私たちは多くのことを学ぶことができるはずだ。

さらに多くのプロテスタント教会で行われている会衆が座ったまま陪餐する習慣。古代以来、会衆は前に進み出て聖餐を受けてきた。それは神に近づく積極的行為であり、招きに応えて歩み出す主体的行為であり、さらには神の民がひとつとなる共同的行為であった。こうしたすべての大切な象徴性を捨ててまで、着席陪餐を選ぶのはなぜか（高齢者への配慮？　あるいはたんなる時間短縮？）。

「なぜ私たちの教会はこのような聖餐を行っているのだろう？」

礼拝に参与する人々、とりわけ礼拝の責任を担う人々は、原点にかえってこうした問いを問うべきである。それはまた自分たちにとっての聖餐の意味を意識化する試みでもある。

聖餐の意味と今日における強調点

歴史上、聖餐の神学をめぐる議論には膨大な時間と労力が費やされてきた。そしてそれは今なお進行中の作業でもある。本書の限られた字数でこうした問題の全容に触れることは不可能である。[3]ここでは聖餐の実践を考える上で不可欠のそして最小限の論点として、象徴的行為としての聖餐に含まれる複数の意味、すなわち聖餐の主題ということに触れておきたいと思う。

聖餐とは何を意味する行為あるいは出来事なのだろうか。J・ホワイトは聖餐の主要な主題として「感謝」、「交わり／親交」、「想起」、「犠牲」、「臨在」の五つを挙げ、さらに副次的な主題として「聖霊のわざ」と「終末的次元」という主題を加えている（『キリスト教の礼拝』三五三頁以下）。今橋朗も、ホートン・デーヴィスの説を紹介するかたちで、「想起のわざ（記念）」、「感謝」、「犠牲奉献」、「終末の祝宴」、「交わり（一致）」、「秘義（秘儀・奥義）」、「解放と社会正義」という七つの主題を掲げている（『礼拝を豊かに』九〇〜九三頁）。

こうした主題の数や内容は研究者によって若干の相違があるが、その多くは共通していると言っていいだろう。これらの主題は基本的につねに聖餐の中に含まれているが、時代や状況によって、ある時には特定の主題が強調され、他の主題がかすんでしまうということも起こる。たとえば中世では「犠牲」や「臨在」が、宗教改革者たちの間では「臨在」「想起／記念」「交わり」などの主題が大きく取りあげられた。

こうした聖餐の神学を顧みる時、今日の教会においてクローズアップされるべき主題として私は「想起」「感謝」「交わり」を挙げたいと思う。さらに加えるならば、「解放と社会正義」という聖餐の現代的社会的な広がりを持った意味を指し示す主題を取りあげたい。もちろんこれら以外の主題が不要と言うわけではないが、私見によれば、これらの三つないし四つの主題をはっきりと表現した聖餐、そしてその実践が、現代の日本のプロテスタント教会にとってとりわけ重要であり優先されるべきものと思われるのである。

「想起」という主題

第一の主題である「想起」は、キリスト教礼拝そのものに関わる重要な概念でもある。「想起」あるいは「記念」と訳されるギリシア語の**「アナムネーシス」**とは、過去における神のわざを現在化することであり、また神のわざが未来において完全に成就することを願い求めることでもある。時間もしくは歴史との関係で言えば、キリスト教礼拝には過去と現在と未来という三つの次元が密接に関わっている。現在は過去によって規定され、また未来によって位置づけられる。現在という時は、過去と未来の切り結ぶ一点に存在する。アナムネーシスを通してキリスト者は自らのアイデンティティを確認し（過去）、神に与えられたヴィジョンを共有し（未来）、ミッションへと押し出される（現在）。アナムネーシスはたんなる過去の回顧でもなければ、堂々めぐりでもない。アナムネーシスは過去を熟視しながら、未来へと歩みを進めることであって、礼拝もまたこうしたアナムネーシスの本質を共有するダイナミックな出来事である。教会とはこの意味においてアナムネーシスの共同体であり、礼拝とはアナムネーシスそのものであると言っても過言ではない。(4)

聖餐におけるこうしたアナムネーシス、すなわち「想起」の内容とは、神とイエス・キリストの働きの全体像を想い起こすことであり、それを再現し、追体験することである。

古くから聖餐は「最後の晩餐」の記念とみなされてきた。すなわちキリストの受難に結びつき、十字架の死を連想させるものと考えられてきた。「だから、あなたがたはこのパンを食べこの杯を飲むごとに、主が来られるときまで、主の死を告げ知らせるのです」（第一コリント一一・二六）というパウロの言葉は端的にそのことを言い表している。

しかし今日では聖餐における想起の対象が、最後の晩餐とイエスの死に限定されるものではないことがキリスト教会の共通認識となりつつある。リタージカル・ムーブメントの成果によれば、古代教会の聖餐における想起の対象や範囲はキリスト教信仰全体を包括するほどの広がりと射程を持っていたことが確認されている（「ヒッポリュトスの使徒伝承」等を参照）。それはキリストの誕生から復活に至るまで、さらにそれを越えて天地創造から終末に至る神の救済史の全貌を想起する営みであった。さらに近年の研究のもとで、聖餐は、「最後の晩餐」だけでなく、イエスがその生涯において弟子や「罪人たち」と分かち合った食事、「三千人／四千人」という無数の人々と共にとった食事、さらに復活のイエスと弟子たちとの湖畔の朝の食事やエマオにおける食事、そして来たるべき神の国における「盛大な祝宴」などを含む様々な内容を持った記念の食事として理解されるようになってきている。

このような想起すべき内容の広がりと多様性は、次に挙げる「感謝」や「交わり」、「社会正義」といった主題との関わりにも反映されるべき課題を含んでいる。聖餐が「最後の晩餐」だけを想起するのであれば、それがキリストの十字架に焦点を合わせた、重苦しい陰鬱な雰囲気に囲まれた営みとなることは避けられない。しかしそれが復活を記念し、イエス・キリストの公生涯の言葉とわざを記念し、さらにはこの世界と歴史における神の恵みと憐れみを記念する食事であるとすれば、私たちはこの聖餐という営みに対してもっと豊かなイメージともっと多様な実践の可能性を探ることができるだろうし、またそうすべきであると思われるのである。

「感謝」という主題

第二に「感謝」という主題である。これは聖餐を意味する英語の「ユーカリスト」の原語となったギリシア語の**「エウカリスティア」**に由来するものであり、聖餐の本来の意味が「感謝」であったことを伝える主題である。

ユダヤ人の信仰・習慣において食事は神への感謝を表す礼拝の場でもあった。すなわち、「祝祭やその他の特別の機会にもたれる食事と同様に、すべての食事はイスラエルの人々の信仰を反映するものとなった。それらの食事は、創造またはイスラエルの歴史において与えられたヤハウェの賜物に対する感謝を背景としてとられた」（W・クロケット『ユーカリスト』一頁）のである。イエスと弟子たちはこのような伝統の中で生まれ育った。福音書は聖餐制定の物語においてイエスが「感謝」をささげたことを伝えている。

聖餐は第一義的につねに神に感謝を献げる行為であった。キリスト者はこの感謝を献げるために礼拝に集ったのである。感謝はおのずと喜びとなり、その喜びは聖餐にあずかる人々の表情や態度にも反映された。使徒言行録によれば、信者たちは「家ごとに集まってパンを裂き、喜びと真心をもって一緒に食事をし、神を賛美していた」（二・四六～四七）と記されている。感謝は聖餐の本質であり、またその基調をなす性格である。感謝すべき出来事、感謝の具体的対象は無数と言ってよいほど存在する。先に挙げた想起の広がりと多様性を思い浮かべるならば、主日ごとのそれぞれの礼拝と聖餐において具体的に何を想起し、何について感謝するのかを吟味することは、聖餐の実践における大きな課題となるだろう。

「交わり」という主題

第三に「交わり」である。これはある意味で今日もっとも注目される主題かもしれない。この場合の「交わり」とは「イエス・キリストと私たちの交わり」と同時に、「イエス・キリストによって結ばれた私たちの交わり」をも意味する。前者の交わりは聖餐におけるイエス・キリストの「臨在」に通じる問題であり、後者は「キリストの体」である教会の形成に通じる問題であって、両者は本質的に結びついている。

聖餐とは目に見えるかたちで教会が「今・ここ」に現出する出来事である。このことはたとえば福音ルーテル教会の陪餐において会衆が礼拝堂の前に集まり、輪になって一緒に聖餐にあずかる情景を目にすれば自ずと明らかになる。まさに「今・ここ」で目に見えるかたちで、互いに触れあうことのできるかたちで、「教会が現れる」のだ。孤独と孤立、競争と弱肉強食の時代の中で、それとは異なる価値観に生きる人間たちが存在することを可視化する出来事、和解と共生の希望を告げる共同体の形成、神のもとに「兄弟が共に座っている」（詩編一三三・一）という現実をそれは表現している。聖餐における「交わり」という主題を具体化することは重要な課題である。

「社会正義」という主題

第四に「社会正義」という主題を挙げよう。教会は、そして礼拝や聖餐は、この世と無関係のものではない。キリスト者が神を真剣に信じ、イエス・キリストに従うことをまじめに願うなら、私たちはこの世の出来事、政治や経済や文化等に関与せざるを得ない。なぜならこの世のすべては神の創造されたものであり、イエス・キリストはこの世を救うためにやって来たのだから。キリスト者がこの世の営みに無関心だとすれば、それはむしろおかしなことと言えるだろう。

パウロはコリント教会への手紙で聖餐にあずかる際に「ふさわしくない」（第二コリント一一・二七）態度があると記している。それは食事の際に（最初期の礼拝は食事の場で行われた）、富裕で時間的余裕のある人々が先に来て腹いっぱい食べてしまい、後から来る人々（おそらく奴隷や仕事に追われる貧しい人々）を配慮しない態度のことである。そこに見られたものは、礼拝や聖餐の場で信徒の社会的な身分や貧富の差が露骨に反映されているという現実である。そしてパウロはそれをはっきりと非難した。礼拝はこの世の現実と問題が暴露される場であり、またそれと異なるキリスト教的な社会倫理・社会正義が提示される場でもある。

聖餐が優れて政治的な行為であり、そこに社会正義の問題が含まれていることを洞察したのは二〇世紀の解放の神学者たちの貢献であった。またそれが経済的な行為であることをメノナイト派の神学者J・H・ヨーダーは次のように主張する。

「生きていくのに必要なものが満たされること、それこそがメシアの時代の徴なのだ。／ひとことで言えば、聖餐は経済的な行為である。共にパンを裂くという行為を正しく行うことは、経済倫理の実践にほかならない。」（『社会を動かす礼拝共同体』五〇〜五一頁）

教会と聖餐〜信仰の表現

聖餐の中にはこれまで述べてきた主題の他にも伝統的に重んじられてきたものがあり、またこれから新たに発見されていく主題も隠されていることであろう。たとえばパンとブドウという神によって与えられた自然の恵みの象徴を通して、現代世界におけるエコロジカルな問題に関わる聖餐の主題が提示される必要があるかもしれない。

いずれにせよ、ここで再確認しておきたいことは、私たちが聖餐の場面で想起し、再現し、追体験すべきテーマは洗足木曜日の夜の食事だけではないということである。繰り返しになるが、天地創造から神の国の成就に至る終末まで、そしてイエス・キリストの誕生から十字架を経て復活に至るまでの歩みの中に、聖餐の主題、そのモチーフは数え切れないほどの豊かさで充ち満ちている。聖餐とはこうした計り知れない神の恵みを「想起」し、私たち人間が「感謝」する出来事であり、神との「交わり」、また神のもとにおける人と人との「交わり」にあずかる出来事であり、そしてこの世界と時代にあって私たちが「正義」を祈り求める出来事でもある。

聖餐がかくも豊かなものであるとすれば、一年を通して行われる私たちの礼拝において、教会暦のそれぞれの期節に応じ、またその時に取りあげられる聖書の証言に照らして、聖餐のもろもろの主題やその実際のやり方が変化することがあってもいいし、むしろそうあるべきではないのだろうか。感謝ひとつをとってみても、その内容は多様であり、それを表現する言葉も方法も多様でありうるはずだ。

聖餐に含まれる複数の主題のうち、あなたの教会でどの主題をとくに重んじているかということを考えてみてほしい。もろもろの主題に優先順位をつけるとすれば、あなたの教会ではどうなるのだろう。聖餐はその教会が大切にしている信仰内容を表現し、またそれを形成するものとなる。だからこそ「あなたの教会の聖餐の理解や実践」を吟味することが重要なのである。

第6章　聖餐のシェイプアップ（2）〜式順と会衆参与

聖餐の神学と実践の乖離

日本のプロテスタント教会において、聖餐をめぐる根本的問題とは、聖餐の神学とその実践における乖離であると言って差しつかえない。明治期以来の「簡素な説教礼拝」を規範とする伝統のもとでは、聖餐は観念的には「尊重すべき聖礼典」と見なされながら、実践的には「疎遠で違和感のある儀式」という感覚が培われてきたように思う。こうした認識レベルと経験レベルの乖離、神学と実践における乖離が、プロテスタントの聖餐を非常にぎごちないものとしてきた。今日、このサクラメントの本質とその魅力を回復しようとするなら、私たちに求められるのは、神学的課題のみならず、実践に関わる様々な課題において聖餐を再考し刷新する努力であると言えるだろう。

何度も繰り返すが、サクラメントは言葉と行為とモノ（物素）から成る出来事である。それは五感のすべてに関わる全人的な体験である。しかもそれは個人的次元で完結することなく、信仰共同体という広がりのもとで生じる体験である。こうしたサクラメントの「出来事性」「体験性」、そして「共同体性」といった特徴を、私たちは注意深く顧みなければならない。言葉や知的なものへの偏重はプロテスタント礼拝全般に浸透した傾向であるが、聖餐や洗礼といったサクラメントに関して言えば、こうした傾向が弱点として露呈している。この点を私たちは率直に認めなければならない。

以下の考察では、こうした前提に立って、前回取りあげた聖餐の主題を念頭に置きながら、信仰共同体における出来事と体験としての聖餐を実現するための検討を試みたい。具体的に言えば、聖餐の構成や順序に関する問題、司式者と会衆の役割と関与の問題、パンと杯（ブドウ酒／ブドウジュース）という物素に関する問題、陪餐の方法、陪餐資格の問題、教会暦と聖餐の関係などについて、本章と次章にわたって考えてみたいと思う。

聖餐の構成や順序〜奉献との関係を中心に

まず最初に考えたいのは聖餐の構成の問題である。

プロテスタント教会では、礼拝の中で聖餐と奉献（献金）をまったく別のものとして切り離して行う事例が多く見られる。すなわち「み言葉の礼拝」につづいて聖餐を行い、その後で奉献を行うという順序が一般的である。しかしキリスト教礼拝の歴史から見れば、もともと会衆が神に献げたパンやブドウ酒などの一部を取り分けて聖餐が行われたのであり、奉献から聖餐へという流れこそ神学的にも実践的にも妥当なものであった。

こうした奉献から聖餐へという流れにはいくつもの重要な神学的意味が含まれている。

第一にそれは、聖餐という礼拝の中心的行為において、私たち人間の存在と献げものが不可欠な位置を占めるという事実を示す。私たちの奉献が聖餐の準備となるのである。礼拝を成り立たせる第一義的なイニシアティブをとられるのは神ご自身であるが、神は私たちの参与と働きを求めておられるのであり、許しておられるのであり、それを大切なかたちで用いてくださるのである。聖餐の最初に奉献を位置づけることは、礼拝における共同行為者としての神と人間の関係を表現するものである。

第二にこうした奉献の位置づけは、聖餐という出来事と体験の主体が会衆個々人であることを明らかにする。会衆一人ひとりが自分の奉献を行う。会衆一人ひとりが聖餐を準備する。会衆一人ひとりが聖餐に関わる当事者なのである。聖餐という出来事は、会衆のあずかり知らぬうちに、いつの間にか・どこかで・誰かが・準備し・執行し・終了するような「他人まかせの仕事」ではない。聖餐は一人ひとりが参与する「会衆の仕事《レイトウルギア》」である。

さらに第三に、奉献は聖餐が個人的な体験にとどまらず、会衆全体による共同体的な行為であることを示している。神社やお寺で賽銭を投じる個々人の行為と比べるならば、キリスト教礼拝における奉献の共同体的性格は明らかである。私たちの奉献はひとつに集められ、私たちは共に神の御前に出て、共に献げ、共に聖餐にあずかる。奉献は共同体の出来事である聖餐の始まりでありその前提となる行為である。

奉献から始まるこうした聖餐の構成と順序が示す意味は、たとえば聖公会の礼拝においてはっきりと示されている。聖公会の聖餐は「平和の挨拶、奉献」「感謝聖別」「陪餐」という三部分から構成され、「奉献」では会衆の献金が集められ、パンとブドウ酒と共に祭壇に供えられるのである。

ついでに記しておくと、聖公会の式順で奉献に先行して行われる**「平和の挨拶」**は、最近、いろいろな教派で取り入れられるようになってきた礼拝の要素である。それは、聖餐への備えとして、神の御前で会衆が互いの一致と交わり、そして和解を確認する行為である。聖書には「祭壇に供え物を献げる前に、まず兄弟と和解しなさい」（マタイ五・二三以下）と勧められている。実際の方法は様々で、小規模の会衆であれば全員が自由に動きながら握手やお辞儀を交わして挨拶することもできるし、人数が多ければ司式者の導きに従ってその場で立って四方に向きを変えながら、お互いに「主の平和！」という言葉を掛け合う方法もある。

聖公会の式順における「感謝聖別」は、司祭と会衆の祈りと賛美を通して献げものが神の御前で聖別される部分である。そして最後の「陪餐」において、人々は「キリストの体」であるパンと杯を分かち合う。

こうした式順の一連の流れはほぼ以下のような聖餐の意味を表現していると言えよう。私たちはまず私たち自身を象徴するしるしとして感謝と賛美をもって神に献げものを行う（奉献）。神はその献げものを喜んで受け入れてくださるばかりか、私たちの献げたものをさらにいっそう豊かで意味深いものとしてくださる（感謝聖別）。そして神はその聖別された献げ物を私たちに贈り返してくださる。私たちは共に集まりパンと杯にあずかることによって、主イエス・キリストにあってひとつであることを想起し、また霊的な養いを受ける（陪餐）。こうした聖餐の流れは、神と人間の間に生じる啓示と応答の関係を誰にでもわかる具体的体験として、またダイナミックな出来事として示すものとなる。

司式者と会衆の役割と参与のために～2つの方法

先に記したように、会衆は「聖餐の当事者」であり、聖餐は「会衆の仕事《レイトゥルギア》」である。そうした当事者意識を高めたり、会衆の役割と関与を促すためにどのような工夫ができるだろうか。

私が属する日本基督教団の場合、司式者である牧師がひとりで聖餐式文を朗読し、パンと杯を配り、最後に感謝の祈りをとなえて終わるということが多いように思われる。この間、会衆はせいぜい一曲か二曲の賛美歌を歌い、着席したままパンと杯を受けるというケースが多い。パンと杯はあらかじめ聖餐卓に置かれており、パンはすでに切り分けられていたり、杯は個人用のミニ・グラスだったりする。「パン裂き」を行わない場合も多い。圧倒的に言葉が主体であって所作や行為はほとんど顧みられない。

こうした聖餐の特徴を一言で言えば、「省力化」という表現がぴったりするように思う。時間も労力もそして人間もなるべくむだを省き、早く・簡潔に・少数で行ってしまおうという意図が（無意識であれなんであれ）作用しているように感じられる。

だがしかしこういった省力化こそが、聖餐に対して薄っぺらで軽々しい印象を生む元凶なのかもしれない。何であれ私たちは自分が大切だと思うことには、時間を掛け手間を掛けてそれを行い、積極的に関与しようとする。時間や労力を省いても差しつかえないことは、結局、私たちにとってたいしたことではない。私たちの価値観や本音は、往々、時間や労力の使い方においてあらわとなる。礼拝において、説教に要する時間、祈りや賛美に要する時間、そして聖餐に要する時間などの配分を一度計測してみてほしい。会衆の規模にもよるが、私の個人的経験では、プロテスタントの場合、説教に三〇～四〇分をかけながら聖餐は一〇～二〇分で行うといった例は決してまれではない。それがどんな「礼拝観」を表しているかを、私たちは考えてみる必要があるだろう。

もちろん私は長々しい聖餐を実施することを提唱しているわけではない。短い時間であっても豊かで意味深い聖餐を体験できるのならば、それに超したことはない（説教も！）。私が強調したいことは、聖餐を聖餐たらしめるためには、会衆自身が「聖餐の当事者」であることを実感できる工夫が必要だということである。すなわち司式者に仕事を集中したり、省力化することではなく、会衆がそれぞれの役割を担い、積極的に聖餐に参与する方法を探求することの重要性である。

通常、サクラメントを執行する資格は、牧師や司祭といったいわゆる「聖職者」に限定される。しかしそこで牧師に求められるのは、自分ひとりで聖餐に関わるあらゆる作業を独占することではあるまい。むしろ聖餐を執り行う資格を与えられている牧師の大きな責任は、会衆と共に豊かな聖餐を実践するために準備し、計画を立て、役割を分担し、積極的な参与を促し、感謝と賛美を共に分かち合うことではないだろうか。

この場合、会衆の役割と参与の工夫はふたつの次元に分けて考えることができる。

まず第一は会衆全員が聖餐の中で直接的に参与できる場面を増やすことである、すなわち「平和の挨拶」や奉献への参与をはじめ、式文・祈祷文に関しても全員で唱えたり司式者と交読・交唱する部分を設けること、賛美歌の用い方をさらに工夫すること、そしてより積極的な陪餐の方法を検討することなどである。

ここではまず聖餐の式文について述べよう。カトリックや聖公会などの場合、一定の礼拝式文が規範的性格を持ち、勝手に変更することは認められていない。他方、プロテスタントの多くは式文をひとつの基準ないし例示として位置づけており、実際の使用にあたっては各個教会の責任に委ねる場合が多く見うけられる。事実、日本基督教団の場合、式文は「絶対普遍の規範ではなく、だいたいの基準を示す参考である」とし、「これを採用すると否とは各教会及び各教職の自由であり、またある箇所を省略するか否かも使用者の裁量に任せられている」と述べられている（『日本基督教団　式文（試用版）』二〇〇六年、四頁）。こうした前提に立つ教会であれば、式文を個々の教会の伝統や状況に応じて、適宜、改めながら用いることは自由であり、むしろそれこそが創造的で積極的な聖餐の実践につながると言えるだろう。

『日本基督教団　式文（試用版）』で言えば、主日礼拝として例示された二種類の式文のうち、リタージカル・ムーブメントの成果に沿って作成された「主日礼拝式Ａ」では、聖餐において会衆が祈祷や交読を通して参与する機会が数多く取り入れられている。一方、「主日礼拝式Ｂ」は本書で考察している明治期以来の「簡素な説教礼拝」の流れを汲むものであるが、こちらの場合、聖餐を構成する要素として「序詞」「制定の言葉」「聖霊を求める祈り（エピクレーシス）」

「陪餐」「感謝の祈祷」が含まれている（詳細は同書八二頁参照）。これらの式文はいずれも基本的に司式者が朗読することを想定しているが、少なくともこの中の「聖霊を求める祈り（エピクレーシス）」と「感謝の祈祷」は会衆全員でそのまま唱えることができるものである。さらに創意工夫を加えるならば、これらの祈りを交読形式に改めて用いること、適切な賛美歌・応唱歌を聖餐の各場面に配置すること、また本来は聖餐の中で用いられていた「主の祈り」を陪餐の場面で唱和することなど、いくつもの改善の余地がある。こうした式文の検討や作成は、それぞれの教会において牧師と信徒がその創造性を発揮する良き機会となるにちがいない。

さて会衆の役割と参与に関する第二の工夫は、信徒が司式する側に加わって、牧師（司式者）と共に奉仕する役割をなるべく多様なかたちで設けることである。具体的に言えば、聖餐に用いる様々な祭具やパン、ブドウ酒（ブドウジュース）を用意したり管理したりする役割（いわゆる「オルター・ギルド」）、聖餐を執り行う中で奉献（献金）を集める役割、陪餐・配餐を補助する役割などを、皆が積極的に分かちあうことである。私がかつて属していた教会ではいつも信徒のかたに聖餐のパンを焼いてもらっていたし、ある教会では信徒のかたが作成した陶器のパン皿や杯を見せてもらったこともある。カトリックのある教会では、陪餐にあずからない未受洗者のために五〜六歳の少女が聖句を印刷した小さな巻紙を配る役を担当していた。また第8章以下でも取りあげるが、教会の中で礼拝委員会のようなものを設けるとすれば、そこに参加する人々は先に記したような聖餐式文などの検討や作成においてとりわけ重要な役割を担うことになるだろう。

プロテスタントの三大原理のひとつである「全信徒祭司制」（万人祭司）を持ち出すまでもなく、

より多くの信徒が会衆に奉仕するために聖餐に能動的に関わる機会を設けることは、何よりもまず奉仕するその人自身にとって意味深い体験となる。聖餐に内包された豊かな意味を知るためには、積極的にその働きを担いつつ参与することがもっとも有効な手段のひとつである。神は私たちが聖餐という恵みの受け手となることを望んでおられると共に、この恵みのわざに神と協働して働く者となることをも許しておられるということを、ぜひ心にとどめたいと思う。

第7章　聖餐のシェイプアップ（3）〜実践に関わる諸課題

前章では聖餐の実践をめぐって式次第や会衆参与の問題を考察した。この章では聖餐の物素《ぶっそ》（パンとブドウ酒／ブドウジュース）について、陪餐の方法について、未受洗者・陪餐者への配慮について、また礼拝の主題と聖餐の関係について考えてみたいと思う。

パンと杯の問題

はっきり言おう。現在の日本のプロテスタント教会の聖餐に蔓延している悪習の第一は、サイコロ状に切り分けたパンを用いることであり、個別のミニグラスを使うというやり方である。聖書的にも神学的にもこのやり方は間違っているし、聖餐の本質を大きくそこなっているという事実を、私たちはもうそろそろ直視すべきである。用いるべきは**「ひとつのパン」**、そして**「ひとつの杯」**である。

あらかじめ述べておくと、私はここで物素そのものの素材について、たとえばパンは「種入れぬパン」であるべきか否かとか、あるいはブドウジュースは可か不可かといった問題について論じるつもりはない。そうした素材には教派によっていろいろな見解や伝統が存在するし、そうした問題は聖餐の本質からすれば二次的問題に過ぎないと思われるからだ。

聖餐のルーツとされる「最後の晩餐」において、またイエス・キリストが様々な人々と共にした食事の記事において、繰り返し登場する四つの動詞が存在する。それはパンを**「取る」**、賛美・感謝の**「祈りをとなえる」**、パンを**「裂く」**、人々に**「与える」**の四つである。礼拝学者グレゴリー・ディックスは、この一連の動詞に示された行為こそ、あらゆる時代の聖餐に共通する基本であることを明らかにした。聖餐に関する神学的理解は多様であり、聖餐に含まれる主題はいくつも存在するが、行為としての聖餐の原型はこの四つの動詞に収斂するのであり、それはまさしくイエス・キリストご自身に由来する規範的な行為であると言っていいだろう。

さてこれら四つの行為のうち、第三の行為に関連して、あらためてパウロの次の言葉に注目しよう。

「わたしたちが裂くパンは、キリストの体にあずかることではないか。パンは一つだから、わたしたちは大勢でも一つの体です。皆が一つのパンを分けて食べるからです。」（第一コリント一〇・一六～一七）

すでに指摘したように、今日の教会においてもっとも注目すべき聖餐の主題のひとつは「交わり」であると思われる。パウロによれば、聖餐に用いられるパンがひとつであることはキリストの体がひとつであることを象徴し、その体を分かち合って（「裂く」！）いただくことは信仰共同体がひとつであること、その「交わり」を確認する行為なのである。そのパンが最初から切り分けられてバラバラに置かれているとすれば、それはいったい何を象徴するのだろう。

「パンはバラバラだから、私たちは大勢いてもバラバラです。皆がバラバラのパンを各自で食べるからです。」（！）

個人主義ひいては利己主義が蔓延する今日の世界にあって、キリスト教会が発信すべき大切なメッセージは、神のもとにあって私たちは互いに受け入れ合い、共に生きるべき存在なのだということであろう。聖餐の実践、パンと杯の取り扱いは、そうしたメッセージを可視的具体的に体験する出来事である。

「象徴」を軽んじてはならない。象徴としてのパンと杯を軽んじる教会は聖餐を軽んじるのであり、聖餐を軽んじる教会はイエス・キリストの告げた福音を軽んじているのである。共に食することは共に生きることの象徴であり、それこそがイエス・キリストのもっとも重んじた宣教の内容であり、聖餐は目に見える福音のメッセージである。

パンであれ杯であれ、それがひとつであることが重要である。ひとつのものを分かち合うという出来事。礼拝の場で始まる小さな、しかし具体的な分かち合いが、私たちに新たな気づきをもたらし、私たちを新しいライフスタイルへ導く端緒となる。

個人主義を象徴する個別のパンと杯というやり方が、いつ・どこで・誰によって発明されたのか、浅学にして私は知らない（最近では一人分のパンとブドウジュースをパッケージした教会向けの商品まで売り出されている）。おそらくそれは神学的理由というより、衛生上の懸念とか配餐の効率であるとか、いずれにしても便宜的な理由によるものだったのだろう。どう考えても、ひとつのパンよりも個別にカットされたパンを推奨すべき神学的信仰的な理由は思い当たらないからだ。

ひとつのパンを取りあげること。感謝すること。裂くこと。それを一人ひとりに丁寧に分け与えること。そしてひとつの杯から皆が飲むこと。それが無理であれば、ひとつの杯にパンを浸して食べること（インティンクション）。こうした一連の行為こそが聖餐の実践における基本となるのである。

陪餐する方法

プロテスタント教会の聖餐における悪習の第二は座ったまま陪餐するというやり方である。着席陪餐というやり方が歴史的にまったく根拠がないわけではない。それは一七世紀の会衆派教会の一部が司式者中心の権威主義的な聖餐の実践に対する反動として実行したやり方であるという説がある。しかしそれはむしろ例外的な方法であって、長い礼拝史の大部分では、会衆は祭壇（聖餐卓）の前に出て行って、あるいはその周囲に集まって、聖餐を受けてきた。

「前に出て行く・集まる」という行為は、礼拝の前半部において告げられた神の言葉に対する会衆の応答を象徴するものであり、信仰告白的な行為でもある。さらにそれは主の食卓を囲んで私たちがひとつの神の家族となることであり、そこに「キリストの体」なる信仰共同体が具体的可視的なかたちで出現することである。会衆にとって、礼拝の前半の重点が「聴く・学ぶ・受ける」ことにあるとすれば、聖餐を頂点とする後半は「献げる・応える・出て行く」ことへと重点が移動する。それまで座り込んでいた人間が立ちあがって踏み出す一歩は聖餐という霊的な養いへつながる道であり、さらには派遣と祝福を経てこの世へと歩み出す道に通じている。

着席陪餐を実践している教会の皆さんには、ぜひカトリックや聖公会や福音ルーテル教会、またハリストス正教会などの礼拝に参加することをお勧めしたい。これらの教会において聖餐を受けるために前に出て行くことがいかに大切な信仰的意味を持つか、また高齢者から子どもまでがひとつになって集うことが「主にある交わり」をどれほど具体的に表現するかを体験的に学ぶ機会となることだろう。

着席陪餐というやり方が一般化した理由も神学的なものというより、聖餐に要する時間を短縮するための効率的な理由であるとか、近年では高齢者のかたがたへの配慮という理由からのように思われる。

前者の理由に関して言えば、個別のパンや杯の場合と共に、そうした効率的なやり方がはたして真の意味で効率的なのかどうかを再考する必要があるだろう。効率化したつもりが聖餐の持つ様々な働きや力を減殺することになるとすれば、結局それはきわめて非効率的なやり方であると言えないだろうか。時間的物理的な効率と霊的信仰的な非効率について、私たちはよくよく検討しなければならない。

他方、後者の理由に関して言えば、会衆に対する牧会的配慮はもちろん必要である。体力的に困難な状態にあるかたがたに無理を押しつけることがあってはならない。どこまでそうした配慮が必要なのかをきちんと見きわめながら、しかしまた同時に積極的な陪餐の可能性について工夫を重ねることは、より豊かな聖餐を守るために不可欠な課題である。

未受洗者・未陪餐者への配慮

近年、日本のプロテスタントの一部で未受洗者の陪餐をめぐって議論が交わされたことがあった。歴史的に見れば未受洗者の陪餐はたしかに一般的ではなかったと言えるだろう。早くも初期教会の文書である「ディダケー」（一世紀末？）の中に陪餐を受洗者に限定するようにという文言が出て来る。また三世紀初頭の「ヒッポリュトスの使徒伝承」によれば、キリスト者の入信儀礼とは、「洗礼」の部分だけではなく、その後の聖油を使った「堅信」、さらに初めての「聖餐」にあずかるまでを含む、一連の諸式から構成されていたものだったことがわかる。すなわち洗礼から聖餐へというコースが明らかに示されている。しかし近代になると、未受洗者であっても信仰的決意を明らかにした人に陪餐を認める事例が出てきたり、聖餐を受けることを通じて洗礼へというコースを容認する考え方も生まれてきた。ここでは陪餐資格の問題に深く立ち入ることをしないが、未受洗者の陪餐を認めない場合であっても、聖餐の場においてそれらの人々を配慮することは教会の大切な課題であるということを強調しておきたい。

未受洗者への配慮を考える際のモデルとして、聖公会やカトリックが実践している方法を紹介しよう。これらの教派では、陪餐の際、未受洗者も受洗者と同様に祭壇の前に出てきてもらうように呼びかける。前に出て行った未受洗者に対して（聖公会では本人が両手を胸でクロスさせて未受洗であることを示すこともある）、司祭はパンを手渡す代わりに、その人に手を置いて祝福する。また先述したようにあるカトリック教会では、司祭の祝福の後で、隣りに控えた少女が「みことばの花束」と称する聖句を記した小さな巻紙を未受洗者にだけ（！）手渡してくれたことがあった。こうした祝福を受けるか否かはそれぞれの人の任意ではあるが、それは教会が聖餐の場においても未受洗の人々を覚えていることを示す行動によるメッセージなのである。

礼拝の主題と聖餐

私たちは第4章において、各主日の礼拝には主題があり、教会暦などに対応して聖書箇所や説教、賛美歌の選択、祈りの内容などが変わり、その日の礼拝の性格やメッセージが方向づけられるということを考察した。礼拝の主題は聖餐の実践にも深い関わりを持っている。わかりやすい例を挙げると、受難週の洗足木曜日の夜に行う聖餐と、その三日後の復活祭の朝に行う聖餐では、明らかにその意味や焦点は異なっている。前者は主イエス・キリストの受難、十字架と死に注目しながら行われる聖餐であり、まさしく「最後の晩餐」の再現と追体験が強調される。これに対して後者は復活の喜びにあふれた祝いの宴《うたげ》であり、死と罪の力に打ち勝った主の勝利の集いである。終わりと始まり。暗さと明るさ。苦しみと喜び。死と復活。こうした対照的なイメージを、それぞれの聖餐においてどのように表現することができるだろうか。またペンテコステやクリスマスといった大きな祝祭において、私たちはどのように聖餐を祝うべきだろうか。さらに教会暦ではないが、「世界聖餐日」（十月第一週）のような行事に関連した聖餐や教会の創立記念日のような機会に聖餐を行う際には、やはりそれぞれの主題に即した工夫や方法が求められることになるであろう。

日本のプロテスタント教会では、聖餐というと牧師も会衆もどうも奇妙に儀式ばった雰囲気に陥ってしまうような印象がある。司式者も聖餐式を行う主日だけガウンを身にまとってみたり、既存の聖餐式文に記された祈祷や式辞を間違いなく読みあげることに集中するかのようであったりと、ある意味では祭司的に、また別の意味では事務的な感じで、その仕事を遂行するという印象を受けることがある。

しかし基本的な聖餐式文の枠組みはそのまま用いるとしても、祈りの内容については個々の司式者がその日の主題を反映したものを作成することがあってもいいし、むしろそうするべきではないだろうか。ノンリタージカルな伝統に拠るところの大きいプロテスタントの長所は、式文に関して、それを絶対的な規範ではなく、一定の基準として自由かつ柔軟に取り扱うことを容認している点にあるのだから。けれども現実はどうも逆になってしまっているようだ。ふだんあまり式文を用いることがないばかりに、かえって萎縮するというのか、あるいは無関心というのか、既成の順序や内容をそのまま用いるということが常態化しているように感じられる。

私たちが聖餐や礼拝を学ぶ目的は、その営みの本質を理解し、その実践を真に自分たちのものとしていくためである。本来、礼拝や聖餐の基本を知ることは、その応用や創意工夫の可能性を広げることにつながっていくはずである。私たちに求められているのは、真の意味で伝統的であると同時につねに新しい創造的な礼拝・聖餐をかたち作ることなのである。

そうであるとすれば、祈りだけでなく、聖書箇所や賛美歌などにしても、礼拝の主題によって式文に指定された箇所を変更したり付加したりすることがあってもいいはずである。また物素に関しても同様のことが言える。側聞にすぎないが、洗足木曜日の聖餐において、釘を打ち込んだパンを用いた教会があったという。主の受難と十字架を連想させる工夫であろう。こうしたひそみに倣うならば、教会暦などの主題によってパンのかたちや味つけを変えることも考えられるかもしれない。たとえばクリスマスの聖餐では生まれたばかりの赤ん坊を連想させるようなふわふわのパンを、洗足木曜日には苦みを感じるような堅めのパンを、そしてイースターには……？。

繰り返すが、象徴を軽んじてはならない。パンと杯は聖餐の象徴として様々なメッセージを発信する。司式者がどのような所作をするか。会衆がどのように陪餐するか。未受洗者・未陪餐者にどのような配慮がなされているか。教会暦や行事暦のそれぞれに適切な聖餐の方法や工夫とは何か……。これらすべてが象徴であり、またメッセージとなる。そしてそれらの積み重なりが礼拝を形成し、教会を形成していくことになるのである。

第8章　みんなで礼拝（1）～学ぶこと、変わること、創ること

本章と次章において、今日の礼拝におけるもっとも重要な課題である「みんなで共に創りあげる礼拝」について考えてみたい。これは礼拝形成だけでなく教会形成というさらに大きな課題に通じるテーマであるが、同時にこれまで日本の多くの教会が苦手としてきたテーマでもあるように思う。礼拝する主体が一人ひとりの信徒であり、会衆全体であることを頭の中で理解していても、それを具体的に実現するために私たちはどのような取り組みを行ってきただろうか。観念と実践の乖離、理想と現実の乖離に悩んでいる教会も多いのではないだろうか。

こうした課題について、本章ではまず、「礼拝を学ぶというのはどういうことなのか、そして私たちははたして本当に学んできたのか」という問いを最初の切り口として取りあげてみたい。それを踏まえて学ぶことと変わることの関わりについて、さらにそうした学びや変化を引き出すリーダーシップの問題について考察してみたいと思う。

学ぶことを好む日本の教会

日本の教会は学ぶことを好む。そんな印象を私は持っている。すでに見てきたように、そもそもプロテスタント礼拝そのものが説教を中心とする聖書の学びという性格の強い礼拝であり、礼

拝以外にも年間を通していろいろな学びや研修を行う教会はたくさんある。

ここ二〇年ほどの間、私もこうした教会関係の学びに招かれ、礼拝に関わるテーマでお話しさせていただく機会を数多く与えられてきた。そうした学びのテーマは、「礼拝とは何か」という礼拝の本質や礼拝の神学に関わるもの、礼拝の歴史に関わるもの、礼拝の個々の要素（祈り、賛美歌、聖書、説教など）に関わるもの、さらに子どもと大人が共に守る礼拝などといった特定の課題に関わるものなど、振り返ってみれば多岐にわたる。こうした学びのほとんどは、最初に私が講演し、それに対する質疑応答がなされるという形式のものであった。また事前に教会の中でテーマに関連するアンケート調査がなされていたり、全体の質疑だけでなく分団形式の話し合いが行われるなど、いろいろ工夫を凝らしながら研修をしておられる教会もあった。

ところで改めて考えてみる時、こうした学びでいちばん欠けていたものは何だったかというと、参加者の体験的実習という面だったのではないかと思う。これは私自身の責任でもあるが、礼拝の学びという場合に「礼拝に関する知識や理論の学び」に偏重する傾向が強かったということである。例外的に、参加者と共に礼拝で用いる祈りを作成したり、子どもと大人が共に守る礼拝において身体を使った祈りや賛美の工夫を実践したこともあったが、ごく一部にすぎなかった。言うまでもなく、礼拝は行為であり実践であるにもかかわらず、そうした行為や実践を正面に据えたワークショップを要望される経験はほとんどなかったのが実情だったのである。

こうしたことから、私はもう少し実践的で体験学習的な礼拝の学びを試みたいという思いを抱くようになった。数年前、牧師を主な対象とする四期の集中講座を担当させていただく機会が与えられたことがある。各期は独立した講座だったが、私は、第一期は礼拝の概論、第二期は礼拝の歴史、第三期は現代日本における諸教派・諸教会の礼拝の現状と多様性の学び、そして第四期は研修のまとめという意味も込めて、実際に受講者が礼拝をデザインし実践するというワークショップを構想して実行した。その結果、最初の三期は予想以上に多くの受講者があったにもかかわらず、四期目の人数ががくんと低下するということが起こった。もちろんいろいろな事情があったと思うのだが、これまでの私の経験からすると、どうも牧師のかたがたですら、「礼拝について学ぶこと」には関心があっても、「礼拝を創ること」にはあまり関心がないのではないかという印象を抱いたのである。

変わらないことを好む日本の教会

これとは別のことになるが、私は現在働いている大学の神学部で礼拝を企画・実践するというクラスを隔年ごとに開講している。大学院の学生が三〜五人くらいのチームを作り、礼拝の式次第の作成をはじめとして、聖書箇所や賛美歌の選定、司式者・説教者・奏楽者などの役割分担、礼拝空間や音楽などの工夫といった一切のことを準備して、アドベントの時期に大学のチャペル・アワーの時間を使って、実際の礼拝をプロデュースするクラスである。

この時期の特色であるロウソクやリースといったシンボルの活用、パソコンとプロジェクターを使った式次第や歌詞や聖書箇所などの投影の工夫、また多言語礼拝の試み（韓国語、中国語、その他）など、たしかに学生は真面目に取り組んでいるし、それなりのアイディアを絞りだそうとしているのはわかるのだが、概して既成の礼拝の概念や形式の中にとどまっているという印象をぬぐいきれない。具体的に言えば、これまでに述べてきたような「簡素な説教礼拝」のスタイルを暗黙の前提として、賛美歌、祈り、聖書朗読、説教といった諸要素を定石通りに配置するという枠組みの中にとどまるケースがほとんどなのである。この講座は「実験礼拝」の場であり、ある意味で「何でもあり」の場であって、受講者が大胆でユニークなかたちで礼拝を想像《イメージ》し創造《クリエイト》していくことを願っているのだが、既存の礼拝の理念や形式にチャレンジするまでには、なかなか踏み入ることができないでいるように感じる。

　なぜなのかと考えてみて、そのひとつの原因は、学生たちが自分の通っている教会以外の様々な礼拝のスタイルや実践を経験してこなかった結果ではないかということに思い当たった。学生たちの通う教会はほとんどすべて「簡素な説教礼拝」のスタイルであり、彼ら彼女らの礼拝のイメージはそうした経験から導き出されたもの、あるいはそれによって限定されたものにとどまっているのではないかと思ったのである。その結果、学生たちの中で「礼拝とはそのようなものだ」というイメージが固定観念化し、新たな発想を疎外したり大胆なチャレンジを抑制したりすることにつながっていったのではないだろうか。

　こうした推測が当を得ているとすれば、学生の企画する礼拝が既成概念の枠内にとどまっている原因は、学生個々人というよりも、その学生の属している教会にまでさかのぼって考えなければならなくなる。教会自体が既存の礼拝スタイルに固執しつづけてきたこと、時代や状況の変化、あるいは教会員の変化にもかかわらず、教会が礼拝に関する新たな変化や工夫に関心を寄せず実践もしてこなかったことが、こうした結果につながっているのかもしれない。

先に私は日本の教会の特徴として学ぶことを好むと述べた。しかしまたもうひとつの特徴として、変わらないことを好むという点が挙げられるように思う。礼拝であれ、教会の制度や習慣であれ、有形無形、良かれ悪しかれ、そして信仰にとって本質的なことであれそうでないことであれ、概して変化を敬遠するという性格が日本の教会には強いように感じるのだが、はたして間違っているだろうか。学ぶことを好むけれども、同時に変わらないことを好むという性格は、先の集中講座において、なぜ第四期のワークショップが不人気だったのかという疑問に対するひとつの答えになるかもしれない。そしてこの点に、礼拝のみならず、日本の教会が抱えている根深い問題点が潜んでいるように感じるのである。

形成途上の教会と礼拝

「礼拝について学ぶこと」には関心があっても「礼拝を創ること」にはあまり関心がない教会、また学ぶことを好むけれども同時に変わらないことを好むという教会の性格は、礼拝形成や教会形成を考える上からも私たちがきちんと意識化すべき問題である。

本来、教会も礼拝も形成されるものであり、厳密に言えば、それらはつねに形成途上にある。それはまたひとりの信仰者としての私たちのありようについても言えることであって、私たちは皆つねに形成途上にある。形成途上にあるものが変化や創造を拒絶するとしたら、それはいったい何を意味し、どんな結果を生むことになるのだろう。

現代の教会の問題について、少子高齢化や財政上の困難など様々な課題があるとはいえ、そうした個別具体的な問題の背後に横たわっている根本的な問題は、加速度的な変化を遂げつつある時代や状況、私たちを取り巻く様々な現代的そして将来的な課題に対して、私たちがそうした現実に対して正面から向きあう姿勢が足りなかったという問題なのではなかろうか。

たしかに教会には「変わるべからざるもの・変えてはならないもの」が存在する。しかしそうした不変であるべきものと「変わってもよいもの・変えるべきもの」を混同したり、優先順位を間違えたりすることが、往々にして生じてきたのではないだろうか。福音宣教という教会の使命は不変であっても、「今・ここ」における福音の内容の具体的理解や、それをどのように伝えるかという具体的方法はつねに検討され変わっていくべきものである。同じく礼拝も神と神の民の出会いと交わりであるということは不変であるとしても、その出会いや交わりの具体的な内容や方法はつねに問われ、つねに新たにされていくべきものではないかと思うのである。

「共に造りあげる礼拝」とリーダーの責任

さてここまで述べてきたことを、本章のテーマである「みんなで共に造りあげる礼拝」との関連の中で考えてみよう。礼拝について学ぶことはたしかに重要な意味を持っている。礼拝は教会の中心的行為であり、教会は礼拝において自らのアイデンティティを表現し、同時に礼拝を通じて自らのアイデンティティを形成していく。こうした礼拝の本質について教会が学びを深め、信徒と牧師が共通の認識を持つことは、教会にとって不可欠の課題と言えるだろう。

しかしそうした学びは実践につながるものでなければ、残念ながら宝の持ち腐れになってしまう。学ぶということは必ずしも即効的で実用的な成果のみを期待して行われるものではない。しかし真の意味における学びは、遅かれ早かれ、必ずや何らかの新しい気づきや創造への端緒となるものである。学びによって得られた洞察や課題を真摯に受けとめ、自分たちの教会の現実に照らして、その学びを生かして用いるということがなければ、いったい何のために私たちは学ぶのだろうか。

ここでまず問われるのが、教会においてリーダーシップを委ねられている人々の責任と見識である。牧師や教会役員、長老といった人々に求められているのは、「今・ここ」に存在する教会と信徒に対する責任であると同時に、その教会の過去と未来にまで及ぶ責任でもある。すなわちそれらの人々は、その教会がこれまでに歩んできた歴史と伝統を踏まえ、進み行くべき時代と方向を展望しながら、両者のはざまにある「今・ここ」という時と場において、教会に対し、また礼拝に対しても責任を負うのである。

もちろん礼拝も教会もすべての神の民によって共に造りあげられていくべきものである。しかしそのような理想的な教会が最初から自然に出現するはずがない。教会におけるリーダーの役割のひとつは、教会形成の「先駆け」としての働きを果たすことである。リーダーは先んじて教会の現状と課題に目を配り、必要な場合には会衆に問題を提起し、その解決のための方向性と選択肢を提示し、教会全体の合意を形成し、そして実践する。そのような働きを通してリーダーが成し遂げるのは、問題解決という結果を達成することばかりではなく、そのプロセスを通じて人々の意識と行動を変革し、一人ひとりの教会に対する参与と責任を高め、それを通してキリストの体である教会をより良く「造りあげる」（パウロ）ことである。礼拝に関しても教会のリーダーがしっかりとしたリーダーシップを発揮することは、「みんなで共に造りあげる礼拝」を実現する上で、また「みんなで共に造りあげる教会」を実現する上で欠くことのできないカギとなる。

第9章　みんなで礼拝（2）～「礼拝の当事者意識」について

会衆の礼拝参与の問題は、会衆の礼拝に対する意識の実態によって決定的に左右される。そしてそれは牧師をはじめとする礼拝や教会の形成におけるリーダーシップを担う人々の意識と不可分である。本章では前回取りあげたリーダーシップの問題も念頭に置きながら、礼拝に対する私たちの「当事者意識」という問題について考えてみたいと思う。

礼拝に対する当事者意識の希薄さ

私は前章において、日本の教会は礼拝について学ぶことを好むけれども、礼拝を変えたり創ったりすることにはあまり関心がないようだと記した。こうしたことの奥にある真の問題は、換言すれば、「礼拝に対する当事者意識の希薄さ」ということかもしれない。

この点をもう少し正確に見ておこう。キリスト教徒であれば誰もが「礼拝は大切だ」という思いは共有していることと思う。「キリスト者」であることは、通常、「教会の一員」であること、また「礼拝者」であることと切り離すことができない。だから一般的に言って、キリスト教徒であれば、礼拝に対する責任とか当事者意識がまったく存在しないということは考えられないはずである。

しかしもう一歩踏み込んで、自分の参与している礼拝についての理解や評価、また礼拝に対する疑問や要望といったことを含む、礼拝に対するより積極的な意識ということになるとどうだろうか。実を言えば、このような問題はたんに礼拝だけでなく、その他の教会の諸活動、あるいは教会そのものに対する「当事者意識」の問題につながっているのだが、ここではともかく礼拝に限って論を進めることにしよう。

私たちの礼拝経験は、誰であれその教会が過去から守ってきた礼拝に加わることから始まる。その教会の礼拝の形式と内容は私たちが参加する以前から存在しており、私たちは既存の礼拝に後から加わるのである。その意味で、私たちが礼拝とは所与のもの、既定のものという感覚を持つのは当然かもしれない。

しかし事実としては、礼拝の形式や内容は天与のものでもなければ、永遠不変のものでもない。その教会が行っている礼拝は歴史的にかたち作られてきたものであり、その教会の人々が（意識するとしないとにかかわらず）「創り出してきた」ものである。

誤解を恐れずに言えば、礼拝はある意味において徹底して人為的な営みであり、人間の創作という面を持っている。礼拝の順序にしろ、そこで行われる聖書の朗読、祈り、賛美にしろ、それは人間の知性と感性と意思、そして想像力と創造力の産物であり、その積み重ねから形成されてきたものにほかならない。礼拝は「自ずからそう成る」という意味における自然な営みでは断じてあり得ない。そこには、良かれ悪しかれ、人間的なものが必ず反映されることになる。この意味においてまさに「礼拝は人間的なドラマ」である。

　先に記した「礼拝に対する当事者意識の希薄さ」というのは、こうした事実の認識とそれに対する責任の問題を指すものである。礼拝が上記の意味において人間的な営みであり、良くも悪くも人間によって創られる面があることを意識するならば、その教会の礼拝が実際にどのようなものであり、どのような特性や特徴を持っているのか、その長所は何か、あるいは短所は何かを考えること、そしてより良い礼拝をかたち作るために力を合わせることは、礼拝に参与する会衆に求められる基本的な課題であり責任であると言えるだろう。私たちは一人ひとりが「生きた石」（第一ペトロ二・五）であり、それが組み合わされて礼拝が、そして教会がかたち作られていくのである。

牧師の当事者意識

　ここで大きな問題となるのは、こうした「当事者意識の希薄さ」というのが、信徒の人々だけの問題ではなく、往々にして牧師の問題でもある場合があることである。私のこれまでの経験から言えば、説教に関心のない牧師に出会うということはまずなかった。しかし礼拝に関心がないように思われる牧師に出会うことは必ずしも珍しいことではなかった。

　ずいぶん昔のことだが、たまたま出席したバプテスト系のある教会で、聖餐が先に行われ、その後で説教が行われるという礼拝に参加したことがある。礼拝後、私はその教会の牧師に「なぜこういう順序なのですか」と質問した。牧師は答えた。

「わかりません。私が赴任した時には、こうなっていたのです。」

私はその教会のやり方を批判するつもりで尋ねたわけではない。私にとって初めての経験だったので、ごく素朴に不思議に思って質問したのである（例外的だが、そうしたやり方をする教会が他にもあることは後に知った）。牧師の答えは正直なものではあったのだろう。しかし私はその答えに唖然とした。もし牧師が「わからない」とすれば、いったいその教会で礼拝について「わかる」のは誰なのだろう。誰が礼拝に対する責任を取るのだろう。牧師は礼拝に関するプロフェッショナルではないのだろうか。

もうひとつの例を挙げよう。ある教会で説教奉仕を担当した時のことである。礼拝のための聖書箇所や説教題と共に賛美歌の選曲も依頼された。三曲を選んだところ、礼拝が終わってから、信徒のかたたちから「今日の賛美歌は全部初めてだった」という声があがり、（冗談半分ながら）いろいろな非難や賛辞を承った。その教会で使っていたのは『讃美歌21』で、選んだ曲はたしかにこの歌集で初めて収録されたものばかりだったが、私の知る限りではいずれの曲も多くの教会で歌われており、概して好評と思われる曲を選んだつもりだった。実際、その教会でも三曲に対する評価はおおむね肯定的だったのだが、私が思ったことは「いったいこの教会はどういう賛美歌の使い方をしてきたのか」という疑問であった。『讃美歌21』が出版されてからすでに二〇年が経過している。もはや「新しい歌集」とは言えない。この教会ではどのようにこの歌集を用いてきたのだろう。とりわけ牧師は賛美歌について何を考え、どんな選曲をし、何を教えてきたのだろう。

賛美歌は礼拝におけるもっとも重要な要素のひとつであり、その日の礼拝の主題、そして聖書や説教と密接につながっている。牧師の使命のひとつが良い説教をすることであるとすれば、その説教と聖書にふさわしい良い賛美歌を選ぶことは牧師に課せられたもうひとつの責任である。さらに言えば、賛美歌は礼拝のみならず、教会における教育・牧会・宣教という三つの主要な領域に関して大きな影響力を発揮する重要なツールである。賛美歌を通して個々の信徒が養いを受け、賛美歌を通して教会が形成されていく。私は教会形成の大きなカギのひとつは「より良く賛美する共同体」の形成にあると思っている。賛美歌集の内容をできるかぎり全体的体系的に学ぶ（歌う）ことは教会における重要な課題である。

牧師にとって賛美歌は好き嫌いの対象ではない。「私は賛美歌のことはわかりません」ではすまされない。聖書や神学を学ぶのと同様、賛美歌を学ぶこと・歌うこと・選曲の技術を高めることはプロフェッショナルとしての牧師の仕事である。

この他にも礼拝の構成や順序、祈りや賛美歌や聖書の用い方、聖歌隊や独唱者の奉仕のあり方などに関して、疑問を覚えざるを得ない経験をしたことは一度や二度ではない。もちろんそうした経験はたまたまその時だけのアクシデントだったり私の誤解だったりという場合もあったかもしれない。けれどもどう好意的に考えたとしても、やはりその教会の、あるいはその牧師の「礼拝に対する当事者意識の希薄さ」の結果としか思えないケースがたしかに存在するのである。

みんなで礼拝を造るために

さてしかし、もちろん牧師だけが礼拝に対する全責任を負わなければならないわけではない。何度も繰り返すが、本来、礼拝はその教会のすべての人々が造りあげるものであり、牧師もそのひとりとして参与する。ただしこれも前回の繰り返しになるが、牧師が教会からリーダーシップを委ねられた存在として、礼拝に対する第一義的な責任を負っていることも忘れてはならない。もし牧師が礼拝に積極的な関心を寄せないとすれば、信徒の人々がその姿に見倣うことがあったとしても、それはむしろ自然な成り行きと言えるだろう。

結論を先取りして言えば、礼拝における当事者意識を喚起するもっともたしかでもっとも手っ取り早い方法は、信徒と牧師が共同で礼拝を創るという作業に携わることである。「学ぶ」ことは大切だが、その学びを活かすこと、すなわち具体的な実践に結びつけることはもっと大切である。

ある程度以上の規模の教会であれば、礼拝に関心のある信徒の人々を集めた「礼拝委員会」のようなグループを組織することができると思う。また一〇〜二〇人規模の教会であれば全員で礼拝を創る作業に関わることも可能である。こうした委員会や教会全体の働きを通して、皆の意見が礼拝に具体的に反映されたり、礼拝のかたちや内容が変化したりすることを体験するならば、会衆の意識は確実に変わっていくはずである。そこではもはや自分たちが「お客さん」ではなく、礼拝の当事者であるという感覚がおのずから育まれていくことだろう。学ぶこと、行動すること、経験を振り返ること、それらのことを通して私たちの意識は新たにされていくのである。

第10章　みんなで礼拝（3）～会衆参与の実践

会衆の礼拝参与のふたつの次元

礼拝に集う人々が礼拝に対する「当事者意識」を持って、より積極的に参与できるようになるために、どのような具体的方法があるのだろうか。もちろんそこにはいろいろなアプローチの仕方があってしかるべきであるが、ここでまず整理しておきたいのは、会衆の礼拝参与という場合、そこには大きく分けてふたつの次元があることである。

まず第一に、聖餐のシェイプアップのところでも記したように（第6章参照）、会衆が実際の礼拝の中で参与する場面や役割をより多く設けるという直接的な次元がある。その中には、さらに大別して、会衆全員で行う祈りや賛美などの能動的な応答の機会を増やす方法、また司式、奏楽（オルガンに限らない）、聖書朗読、聖歌隊、聖餐補助など、礼拝を導く側の様々な役割を設けて、それを分かちあうという方法が含まれている。

第二は、そうした直接的な会衆参与を計画したり準備したりする次元における会衆参与である。これは前章の最後に触れたものであり、そこでは会衆が礼拝の企画や運営に関与し、年間計画や特別なプログラムを立てたり、祈りを作成したり賛美歌を選曲するなど、言わば礼拝のプロデューサーとして活動することになる。

先に「礼拝はドラマだ」という言葉を紹介したが、それになぞらえるならば、第一の次元はすべての会衆がドラマそのものに登場する「役者」として、それぞれに与えられた役割を演じるというかたちの参与であり、第二の次元はそうしたドラマの舞台や台本を作成し、監督や演技指導を行うかたちでの参与と言えるだろう。

こうしたふたつの次元は別個のものではない。両者は互いに不可分のものであり、時として演じる者が監督や脚本家となったり、またその逆になったりすることも起こるだろう。そうした体験を通じて一人ひとりが礼拝についてより深くより実践的に学ぶことによって、「礼拝における当事者意識」という大切な感覚が育まれていくことになる。

さて本章では、この二つの次元の中の第二のものについて検討したいと思う。この方法は礼拝改革の〝核〟となる小グループを形成し、そのリーダーシップを通じて礼拝の様々な可能性を追求するというものであり、私自身もかつて牧師として奉仕した教会において経験したものでもある。(5)

礼拝グループの活動～学びと話し合い

前章でも述べたように、教会の規模によっては「礼拝委員会」のような有志グループを作ることもできるだろうし、教会員全員でこうした課題に取り組むこともできるかもしれない。こうした礼拝グループには牧師や奏楽者が加わる必要があるが、他方、参加者全員が礼拝に関する特別な知識や経験を有していることを前提条件にする必要はない。むしろこれから礼拝について考えてみたい、自分も礼拝の中で何か奉仕したいという意欲が大切である。より良い礼拝を献げたいという思い、そのための学びや話し合いや活動に喜んで参加しようとする熱意があれば、誰でも参加できるグループであるべきである。

こうしたグループがまず行うべきことは、礼拝についての基本的な知識を一緒に学ぶことである。具体的に言えば、礼拝に関する入門的な文献を皆で読み合うとか、牧師によるレクチャーを通して、礼拝の意味、歴史、その形式と内容、近年の変化などについて、概説的な学びを踏まえておく必要がある。グループのメンバーはこうした学びを通して礼拝についての一定の理解を共有し、またそれによって実際に自分たちの教会で行われている礼拝を評価・検討する土台を形成することになる。

こうした学びはまず礼拝グループの中で行われるものであるが、さらに教会全体でそうした学びを分かち合うことも必要となる。礼拝グループが学んだことを教会の研修会などを通して皆が共有できるように計画することも、こうしたグループの活動内容のひとつである。

信徒の中には礼拝に関することがらは牧師の専権事項であって、信徒がそれに口を出すことは控えなければならないという意識を持っている人もいる。あるいはむしろそうした意識のほうが一般的かもしれない。ある意味では謙遜とも言えるこうした態度が、しかし実は礼拝をどこかで「他人ごと」のように感じさせる結果につながっているのではないだろうか。

礼拝グループの学びの場は、同時にグループのディスカッションの場ともなる。グループのリーダーはメンバーの一人ひとりが礼拝について自由に発言し、様々な意見やアイディアを出し合うこと、疑問や課題を表明することを歓迎し、そうした話し合いがより豊かなものとなるように努める必要がある。こうした意見やアイディアがただちに何らかの結果を生んだりすることはないかもしれない。しかしここで大切なことは、そうした発言を通して各人が能動的な参加者となっていくことなのである。

こうした学びは一方的な講義や知識の丸暗記のようなものであってはならない。もしそれだけだとすれば、それはかえって人々を「私たちの礼拝」から遠ざける結果を生むことになるかもしれない。その意味で、こうしたグループをコーディネートするリーダーや牧師の配慮と見識がとても重要なものとなる。

学びと対話を通して、私たちは、礼拝が「私たちの礼拝」であり、私たちが「礼拝の当事者」であることを意識するようになる。こうした意識、あるいは「気づき」を生み出すことこそ、礼拝グループの活動におけるもっとも大切なねらいである。だからこそ、こうした少人数の話し合いの場で、礼拝に対する一人ひとりの本音を出し合い、互いに語り合うことには大きな意味があるのである。

可能な部分から取りかかること

乱暴な意見と思われるかもしれないが、私見によれば、一定の学びを踏まえた上で、なるべく早く自分たちの教会の礼拝について具体的に取り組むことを勧めたい。「私たちの礼拝」が実際にどのような性格、傾向、特徴を持っているかを分析してみること、その長所と短所、検討すべき課題などを挙げてみること、そして実際に新たな取り組みに着手してみることが重要である。いつまでも学ぶだけ、そして話し合うだけでは、参加者の意欲や熱意を持続することは難しくなる。

この時点における取り組みでは、最初から「礼拝全体の順序を一新する」とか「聖餐の式文を大幅に改訂する」というような大掛かりな変更を企てることは控えたほうがいいだろう。むしろ「私たちの礼拝」の中で、グループのメンバーが身近な関心を寄せていることから取りあげよう。礼拝の改革はその教会にとって「可能な部分から取りかかること」が大切である。

ここではまずそうしたものの例として賛美歌と祈りを考えてみよう。なぜならこのふたつは礼拝におけるとくに重要な要素であると共に、会衆全員が直接関わることがらだからである。

賛美歌を選ぶ

礼拝に関わるグループが取り組む具体的課題として、礼拝で歌う賛美歌を選曲するという作業を取りあげてみよう。賛美歌の選曲はたしかに難しい面はあるとはいえ、楽しい作業のひとつであり、賛美歌について学ぶための良い機会ともなる。

一回の礼拝で仮に三曲の賛美歌を歌うとする。その位置は、一曲目が開会の直後、二曲目は聖書朗読と説教の前、最後は説教の後であると想定する。この場合、礼拝順序の位置に応じて、それぞれの賛美歌の役割もしくは機能はおのずと決まってくることになる。

一曲目は礼拝の始まりにふさわしく、神と会衆の新たな出会いを感謝する賛美歌、一週間の歩みを振り返り主日の集いを感謝する賛美歌などが選ばれることだろう。あるいは教会暦を重んじる教会であれば、その期節の主題にふさわしい曲が選ばれるかもしれない。最初の賛美歌にはその日の礼拝の主題や雰囲気を方向づけるという役割も含まれる。

個人的な経験だが、以前、私が属していた教会では、『讃美歌21』が出版された直後、この歌集になじむというねらいもこめて、開会の場面では主に新しく収録された賛美歌を選んで、一か月間、同じ賛美歌をつづけて歌うということを行った。この場合、新しい曲というだけでなく、教会暦にある程度対応したものを選ぶという条件があったので、グループの中でいろいろな意見を出し合って選曲したことを覚えている。

二曲目と三曲目はその日の聖書朗読箇所や説教のテーマと関わりの深いものが選ばれるはずである。通常、これらの曲は説教者が選ぶことになっているけれども、時には、あらかじめ示された聖書箇所と説教のテーマをめぐって、皆がそれにふさわしい賛美歌について話し合ってみることがあってもいいだろう。

それぞれの賛美歌集の巻末には聖書箇所と対応した賛美歌の引照索引が付いているはずであり、これを用いてその日の聖書箇所にふさわしいものを選ぶこともできる。『讃美歌21』の場合、『讃美歌21選曲ガイド』（日本基督教団出版局）という専用の賛美歌コンコルダンスが出版されており、これには「教会暦」「語句」「聖句」の三分野からそれに対応した選曲のヒントが示されている。

礼拝グループの中で一人ひとりが賛美歌を選んでみること、なぜそれを選んだのかを話し合ってみることは、そうした作業そのものが信仰的な学びや良い交わりの場となる。また他の人が自分では思いもよらぬ曲を選んだりすることを知って、賛美歌についての認識を広げる機会にもなるだろう。

礼拝グループで一か月ないし数か月先までの礼拝における賛美歌の選曲を検討することは、同時に礼拝全体の先々までの計画を考える見通しをつける一助となる。

自分たちの選んだ曲が実際に礼拝で歌われるのであり、ひいては教会と会衆に影響を及ぼすものとなる。こうした経験は「手ごたえのある経験」であり、グループの参加者は自分たちがたしかに礼拝形成に関わっている実感を持ち、またそうした責任感を育むことになるはずである。

私はこれまでに何度か自分たちの「賛美歌集」を作成している教会を訪れたことがある。多くの場合は、既存の賛美歌集からその教会のかたがたの愛好する歌をセレクトしてクリアファイルなどにまとめたものだったが（今日ではこうしたやり方は著作権上の問題が発生するので注意する必要がある）、ある教会ではいくつかのよく知られたメロディ（たとえばドヴォルザークの『新世界より』など）にオリジナルの歌詞を付けた賛美歌集を作成していた。賛美歌創作は礼拝グループの守備範囲を超えるものかもしれないが、もし可能であればぜひチャレンジしてほしい課題でもある。

祈りを作る

礼拝グループが祈り（成文祈祷）を作るということも考えられる。祈りは私たちが神と交わるもっとも基本的な行為であり、礼拝におけるもっとも重要な営みのひとつである。ところが日本のプロテスタント教会の場合、礼拝の中で実際に会衆自身が祈る機会はそれほど多くないということも事実である。第3章で取りあげた日本基督教団の『礼拝順序I』では、祈りに関する項目は三回しか出てこない。すなわち礼拝の最初における「主の祈」、聖書朗読後の「祈祷」（司式者または牧師が行う「牧会祈祷」）、そして説教後の「祈祷」（説教について説教者が行う祈祷）である。「主の祈」は会衆全員で唱和するとしても、その他は司式者や牧師が会衆全体に代わって行う「代祷」形式である。教会によっては、奉献（献金）に際して、信徒の人が祈る場合もあるが、これも多くは「代祷」である。要するに、この礼拝では、会衆が自らの声と言葉で祈る機会はきわめて限定されている。

礼拝の中で会衆が積極的に祈りに参与する機会を設けることは、「私たちの礼拝」という意識をかたち作る上で非常に重要である。また礼拝の場は会衆が祈りを学ぶ場でもあるがゆえに、会衆自身が自分の声と言葉で祈る機会を数多く設けることは、個々人の信仰生活にとっても大きな意味がある。

第3章で『礼拝順序I』（「式順1」）を若干改めた試案「式順3」（三六～三七頁参照）を提示した際、「祈りの分散配置」ということを述べたが、仮に『礼拝順序I』の流れを前提として考えたとしても、「主の祈」の前に会衆で唱える成文による「開会の祈り」を行い、そのまま「主の祈り」につづけていくという構成も考えられるだろうし、また「牧会祈祷」の場面に会衆全員の祈りを組み込むことも考えられるだろう。また奉献の祈りについても、奉献と感謝の意味を込めた祈りを会衆が共に唱和することも考えられる。

これも私の経験だが、礼拝の最初に行う「開会の祈り」を礼拝グループに属するメンバーに作成してもらったことがある。開会の時点での祈りということで「礼拝に招かれたことに対する神への感謝・賛美」や「一週間の振り返りと罪の告白」などを主な内容とし、また全員で祈ることを想定して主語は「私たち」のような一人称複数にするなど、いくつかの約束ごとを踏まえて、自由に創作してもらった。驚いたのは、私が予想した以上に（まことに失礼ながら！）個性的な発想や言葉に満ちた新鮮な祈り、思いもよらなかった聖書箇所と結びついた祈りなどがいくつも寄せられたことである。もちろん私たちがなじんでいる慣用的な語句や表現による祈りもあったが、それらも含めて各人の積極性や熱意が反映された祈りの数々だった。

この時は牧会祈祷や奉献の祈りも含めて礼拝で使う各種の祈りのサンプル集を作成し、礼拝の中で実際に使用したが、おそらくもっとも大きな意味を持ったのは、最初に皆で唱えることにした「開会の祈り」だったと思う。この経験は、牧師である私にとっても、信徒の皆さんの力に信頼すること、そしてそれがより豊かに発揮されるよう配慮することの重要性を思い知らされる経験となった。

賛美歌でも述べたように、このようにして礼拝グループが作った祈りが礼拝で用いられ、教会全体の祈りとなることとは、「私たちの礼拝」を作り出すたしかな手段であると共に、そのメンバーが具体的な作業を通じて教会と礼拝に奉仕し、また実感を持ってその実りを受けとめる経験となる。それはたしかに「手ごたえのある経験」となるのである。

ところで祈りによる会衆参与を考える場合、成文祈祷を作るほかにも、一定の祈りのテーマを示した上で（たとえば「神さまの前に一週間の歩みを振り返りましょう」とか「隣人と世界を覚えて執り成しの祈りを祈りましょう」など）黙祷というかたちで皆が参加することも可能である。また黙祷と正反対に、各人が一斉に声を出して自由に祈るというかたちもある。私はあるペンテコステ派の教会で後者の祈りを経験したことがあるが、雑然とした感じは否めなかったにしても、全員が自分の声と言葉で祈るダイナミックな印象は代祷や黙祷ではまったく経験したことのないものだった。礼拝の中に様々な祈りの場面を置き、いろいろな祈り方を実践することは、会衆にとって豊かな祈りの経験となることだろう。

なお付記すれば、礼拝グループのメンバーにとっては、いろいろな教会や教派の礼拝に参加して学ぶことも大切な課題のひとつである。異なる礼拝を経験することは、自分たちの教会の礼拝を見つめなおす良い機会となる。

第11章　礼拝の評価と反省〜「ＰＤＣＡサイクル」の活用

礼拝の評価と反省

礼拝改革試論の締めくくりとして、礼拝に対する評価と反省について考えてみたい。礼拝に限らず、教会の諸活動においてもっとも見過ごしにされてきたものが、こうした評価と反省ということではなかっただろうか。多くの教会では年度の始まりに一年の活動計画を立て、その年の目標を掲げる。しかし年度の終わりに、そうした計画や目標をどの程度達成したかあるいはできなかったということをしっかり評価・反省するということはどの程度あるのだろうか。

この点で多くの教会は曖昧であり、（良く言えば？）寛容であるように思う。たしかに教会が立てる計画や目標ははっきり目に見えるかたちで結果が出るものではなく、数値化できるようなものではない場合が多いことだろう。しかし少なくとも自分たちが立てた計画や目標について何らかのかたちできちんと総括し、それをさらに次の年度へ建設的なかたちでつなげていくことは、やはり必要なことであると思う。そういう意味も含めて、教会の主たる活動のひとつである礼拝について、「ＰＤＣＡサイクル」というモデルを援用しながら、礼拝改革の計画や実践と共に評価・反省という点について考察してみたいと思う。

「ＰＤＣＡサイクル」とは、ご承知のように「Plan」（計画）、「Do」（実行）、「Check」（評価・

検討）、「Act」（見直し・改善）の頭文字を集めたもので、もともとビジネスや産業界の用語であり、品質管理や業務管理などの円滑と向上を求める手法のひとつとして提唱されるようになったものである。また最近ではこの手法が教育や介護などの領域においても適用されるようになってきている。

こうしたビジネス・モデルを安易に教会に持ち込むことに批判や懸念を持たれるかたもあるかもしれない。しかしこうした「ＰＤＣＡサイクル」は、その実態において、およそありとあらゆる人間の活動に伴って生じることであって、キリスト教の世界においてもことさら新奇なものというわけではない。

たとえば一六世紀の宗教改革を見てみよう。ルターやカルヴァンなどの改革者たちは中世以来のカトリック教会の様々な実践、その制度や習慣を「評価・検討」（Ｃ）し、「見直し・改善」（Ａ）し、新たな試みを「計画」（Ｐ）し、「実行」（Ｄ）した。こうしたサイクルを通じて、一方ではプロテスタントが誕生し、また後にはカトリック教会も同様の手法で自己改革を遂げていったのである。

このように見るならば、キリスト教史に記録される大小様々の変革とは特定の時代と状況のもとにおける「ＰＤＣＡサイクル」の実践例であったと言うこともできる。同じことは個々の教会の場合においても当てはまる。それぞれの教会はその歩みの中で、ある時には急速なかたちで大きな変化を遂げ、また別の時にはゆっくりした速度で微細な変化を経験してきたはずであるが、そこではつねに（意識するとしないとに関わらず）「ＰＤＣＡサイクル」が作用していたはずである。

私が提唱したいのは新奇な概念を外から取り込むことではなく、現実に教会の中で行われている活動や現象を「ＰＤＣＡサイクル」の出来事として自覚的に受けとめなおし、この手法を意識的に活用してみることである。なお以下の記述では、前章で述べた少数の礼拝グループの活動を念頭に置きながら各段階の実践について考えてみたいと思う。

「ＰＤＣＡサイクル」と礼拝

礼拝において「ＰＤＣＡサイクル」の対象となるものは、「礼拝とは何か」といった、礼拝理解の根本に関わる問題をはじめ、本書でこれまで取りあげてきた礼拝の式順、礼拝の主題と教会暦、聖餐、そして会衆の礼拝参与の問題など、およそすべてのものに及ぶ。礼拝改革を考える場合、遅かれ早かれ私たちはこうした一連の課題に向き合うことになるのだが、現実の取り組みとしては、それぞれの教会の事情や関心に基づいて、複数の課題の中から優先順位を決めて取りあげていくことになるであろう。

本書においては、紙数の制限もあって、前記の課題のすべてを論じるわけにはいかない。そこで、以下においては、前章でも取りあげた礼拝における重要な要素である祈りと賛美を引きつづきケーススタディとして取りあげ、礼拝改革に「ＰＤＣＡサイクル」を適用する実践例を提示してみたいと思う。

ケース・スタディ～「豊かな賛美、豊かな祈りを求めて」

①「C」（評価・検討）

ここではまず「ＰＤＣＡサイクル」の「Ｃ」から始めよう。私たちは礼拝という営みをすでに実践しているわけであり（「Ｄ」）、その実態を分析し理解することが出発点となる。そしてこのサイクルの中でもっとも重要なものこそ、この部分であると私は考えている。

さて祈りと賛美は礼拝における応答的要素の代表的なものである。ところがすでに見てきたように、日本のプロテスタントでもっとも普及している「簡素な説教礼拝」では、一回の礼拝で歌われる賛美歌は三曲程度（「頌栄」などを除く）、祈りに関してはそもそも祈る場面が少ない上に司式者や説教者による代祷形式が多くを占める。

礼拝を分析・評価する上で肝心なのは、言うまでもなく、その視点・基準をどこに置くかということにある。ここにおいて礼拝の本質に関する定義が重要なものとなってくる。もし礼拝を「神の言葉を会衆が学ぶこと」と定義するとしたら、前述のような実態もさしたる問題ではないかもしれない。しかし礼拝が「神と神の民の出会いと交わり」であるとすれば、こうした実態に対して批判的に分析・評価しなければならない点がいくつも浮かびあがってくる。

まず賛美歌に関して次のような問いを立ててみよう。はたして一回の礼拝で三回の賛美は十分だろうか。四曲、五曲とより多く賛美する機会を設けることはできないだろうか。賛美歌の選曲は適切だろうか。教会暦に照らして、あるいはその日の聖書箇所や説教に対してふさわしい曲が選ばれているだろうか。礼拝で歌う賛美歌のレパートリーはどうだろう。慣れ親しんだ歌ばかりを頻繁に歌っていないか。新しい賛美歌にチャレンジすることはどのくらい行われているだろう。

私はかつて牧師として働いていた教会で、礼拝で用いた数年分の賛美歌の記録を分析したことがある。説教者である私が選曲を任されていたのだが、自分なりに配慮していたつもりだったにも関わらず、予想以上に「偏り」があり、全然歌ったことのない曲がいくつもあることに驚いてしまった。知らず知らずのうちに個人的な好みが反映し、会衆が多様な賛美に接する機会を牧師自身が遠ざけていたことになる。何でもかんでもまんべんなく機械的に選曲すればよいわけではないにせよ、その後、より多くの曲を用いることに努めるようになったのは事実である。

祈りに関しても、礼拝における祈りの回数とその位置、誰がそれを担当するのか、祈りの内容や祈り方などを問うてみる必要があるだろう（これらの点については前章の祈りに関する記述を参照）。

②「A」（見直し・改善）

礼拝における賛美と祈りの分析を踏まえて、どのような見直しを行うべきだろうか。そこにどのような改善の余地があるだろうか。他の教会の事例も参考にしながら、学びを重ね、意見を出し合い、どのような可能性があるかを話し合ってみよう。そうした見直しの作業を通じて、たとえば次のような要望や期待が出てくるかもしれない。

賛美に関して。礼拝における賛美の数を増やしたい。新しい賛美歌にもっとチャレンジしたい。

賛美歌選曲に会衆も参加するようにしたい。賛美についての学び・理解を深めたい。賛美の練習を充実させたい……。

祈りに関して。礼拝の中で祈る場面を回数を増やしたい。いろいろな祈り方にチャレンジしたい。祈り（成文祈祷）を作りたい。祈りについての学び・理解を深めたい……。

これらの要望や期待にどのように応えていったらいいだろう。教会の現状やニーズを踏まえながら、礼拝グループを中心に対応を決めていかなければならない。すべてのことが一度にできるわけではない。選択肢を確認し、課題とすべき優先順位を決めなければならない。

③「P」（計画）

「見直し・改善」につづく段階として、具体的な「計画」を立てる段階を迎える。実際には「見直し・改善」と「計画」が同時進行することも起こりうる。

先に挙げたいろいろな要望と期待の中から、ここでは「礼拝における賛美の数を増やす」という課題を取りあげてみよう。礼拝の流れから言えば、礼拝の最初の場面で歌う賛美（開会の賛美）、聖書と説教の前と後に歌う賛美、礼拝の最後の場面で歌う賛美（派遣の賛美）と考えるだけでも四曲を歌うことができる。さらに信仰告白や「主の祈り」を歌うこと（朗唱）も考えられるし、奉献の際の賛美も考えられる。これらに頌栄やアーメン唱などの応答唱を随所に加えるならば、礼拝の中で会衆が歌う場面はかなり増えることになる。付記すると、一曲の賛美歌の歌詞が仮に五節あったとしても、必ずしもすべてを歌う必要はない。むしろその日の礼拝の主題にふさわしい歌詞を何節か選んで歌うほうが良い場合もある。

選曲者について言えば、聖書と説教に関連する曲は原則として説教担当者が選ぶべきである。それ以外の曲については、なるべく礼拝グループや会衆の意見を尊重するように努めるべきであろう。礼拝グループや会衆が選曲に加わるとすれば、それ自体が賛美歌に馴染むと共に賛美歌を学ぶ機会となる。同じ主題・同じ聖書箇所であっても、どの賛美歌を選ぶかは人によって異なることもある。選曲を共同作業として行うことで、私たちは賛美歌の持つ豊かな可能性を知ると共に、お互いの信仰や感性の多様性を分かち合うこともできるだろう。

④「D」(実行)

最後の段階が「やってみる」こと、すなわち「実行」である。

新たな試みについては、会衆にあらかじめその意図とねらいを丁寧に説明して理解してもらう必要がある。最初の「評価・検討」の段階から教会全体に情報や資料を提供しつつ、会衆が皆で考えたり意見を出し合ったりする機会をなるべく多く設け、こうした改革を「私たちの課題」として会衆が主体的に受けとめる姿勢を醸成することが大切である。

礼拝における新たな改革について言えば、一回や二回の実践で早急に結論を出すことは控えなければならない。少なくとも一か月ないし数か月程度の期間を経てから、再び次の段階の「評価・検討」に進むべきである。新たな試みは期待通りの成果を生むかもしれないし、思いがけない結果に至るかもしれない。うまくいったことがあれば大いに喜ぶべきだが、たとえそうでなくとも落ち込む必要はない。いずれにせよ一〇〇点満点はありえないし、0点ということもない。

　大事なことは、たとえ思い通りの結果が得られなかったとしても、すでにたどってきた「Ｃ」↓「Ａ」↓「Ｐ」の作業がきちんとなされているなら、どこに問題があったのか、改めるべき点は何かを見出すのが容易になるということだ。まさにこの点にこそ「ＰＤＣＡサイクル」の意味がある。改革のねらいや目標がはっきりしていればいるほど、そしてそのプロセスが明確であればあるほど、その後の適切な対応や修正につながっていくことになるだろう。

　「ＰＤＣＡサイクル」は継続的に繰り返される作業であり、それはらせん状に上昇するイメージ、あるいは深められていくイメージを持った営みである。キリスト教会がつづくかぎり、礼拝もまたつづく。皆が礼拝に対する生き生きとした関心を持ちつづけ、知恵と力を寄せ合ってより良い礼拝《レイトゥルギア》を造りあげていく働きを継続することを通して、私たちの教会《エクレシア》も成長する。まさしく「神の民のわざ《レイトゥルギア》」が「神の民の集い《エクレシア》」を建てあげていくのである。

むすび 「聖なる戯れとしての礼拝」

最後に今一度、「礼拝ってなんだ」という問いに立ち帰ってみたい。まず初めに本書冒頭に記した礼拝と遊びの類似性にふれた文章をもう一度ここに挙げておこう。

「かっこよく言えば、礼拝とは『神と人間の聖なる戯れ』なのである。そこで私たちは神と出会い、神と遊び、また神が集めてくださった人々と出会い、遊ぶ。そうした遊びを通して、私たちは神によって受け入れられている自分、隣人によって受け入れられている自分を再発見する。そこではまた私たち自身が『私』という存在を受け入れなおし、肯定し、喜ぶものとなる。そしてそれはさらに私という人間が他者である隣人を受け入れ、肯定し、共に喜ぶことへつながっていく。究極的な意味において、礼拝も遊びも、神と、神が創造されたこの世界とその中に満ちるすべてのものを肯定し、そして喜ぶ、賛美と頌栄の行為なのである」。

レジャーとしての礼拝

このような「聖なる戯れとしての礼拝」についてさらに深く考える手がかりとして、「レジャー」と「レクリエーション」という言葉を取りあげてみたい。いずれの言葉にも「遊び」や「娯楽」の意味が含まれているが、語源的にみると前者はラテン語の「リセレ」licereに由来し、

「許されていること」「自由であること」が原意である。後者は同じくラテン語の「レクレアティオ」recreatioに由来し、「回復」や「再生」を意味する。レジャーの場合、仕事などの拘束時間に対して、私たちが自由にできる時間において自主的自発的に行う営みという意味合いが強い。一方、レクリエーションの場合、その行為や行動から生じる望ましい変化や結果への期待が含意されている。前者からすれば、遊びは自由な行為であると同時に、社会やこの世的なものから「距離をとること」「分離すること」がその特徴であり、遊びは遊びとして自己完結するものというニュアンスがある。他方、後者もまた自発的な行為であるが、それは自己完結というより、その人自身の心身の癒しや元気回復、あるいはその延長上において、その人がこの世において果たす行為や役割にまで良い影響を及ぼす営みという特徴があるように思われる。

　まず礼拝とレジャーについて考えてみよう。「レジャーとしての礼拝」という時、そこにはこの世から切り離された営みとしての礼拝というイメージが浮上してくる。礼拝は、一面において、この世と完全に断絶し、この世から距離をとった営みでなければならない。礼拝の価値や意味は、レジャーがそうであるのと同様、この世の一般的な価値観や常識的な有用性無用性の議論によって判断されるべきものではない。レジャーにおいては、他人からすれば「つまらなく見えること」、「不思議に思われること」、さらに「怪しく感じられること」ですら、当事者には、自由に選び取ったことがらとして、喜びに満ちた営み、全力を献げる対象になることが起こる。礼拝もまたしかりである。

　礼拝において私たちが賛美するのは神であって、この世ではない。私たちは礼拝においてただ神の言葉に聴き従い、イエス・キリストを中心とする食卓の交わりに与る。それがキリスト者にとっての「レジャーとしての礼拝」、「自由な営みとしての礼拝」である。

礼拝の場で私たちが経験するのは、私たちキリスト者にとっての意味ある出来事であり、キリスト者だけが信じる「真理」である。礼拝の場で私たちが祈りをささげるのはキリスト者だけが信じている「神」である。

私たちの礼拝はこの世の活動やその目的とは何の関係もない。イエス・キリストは、「わたしの国は、この世に属していない」(ヨハネ一八・三六)と告げた。パウロも「わたしたちの本国は天にあります」(フィリピ三・二〇)と語り、「あなたがたはこの世に倣ってはなりません」(ローマ一二・二)と命じている。私たちが行う礼拝は、黙示録が伝える「天上の礼拝」(四・一以下)に連なる礼拝であって、地上の営みに由来するものではない。キリスト者が礼拝の中で想起する真理はこの世のものではない。それは神のもとから示されたメッセージである。礼拝の根拠は神に由来し、礼拝は神の国に属する行為である。

そういう意味において、キリスト者の礼拝はこの世のニーズに応えたり、その価値観や習慣と調和することを目指しているわけではない。礼拝はこの世と「うまくやっていく」ための手段ではない。私たちの礼拝はこの世からすれば異質なものであって、この世から無限の距離をとるものでなければならない。

「レジャーとしての礼拝」という視点が示唆するのは、このような私たちの礼拝の非日常性であり、この世の価値観と懸け離れた、まったく自由で、完全に自己完結した「神と人間との聖なる戯れ」としての礼拝である。この「レジャーとしての礼拝」において、私たちは私たちが何ものであるかをはっきりと想起し、神と共にあること、そして神のもとにある私たちの交わりを喜び、感謝するのである。

レクリエーションと礼拝

次にレクリエーションという言葉を取りあげよう。レジャーとはまた違った意味で、この言葉は礼拝を考える際の重要な示唆を与えてくれる。

すでに記したように、レクリエーションの原意には「回復」や「再生」という意味が含まれる。そしてこの言葉は、往々にして日常生活における心身の疲労からの回復や労働意欲の再生としてのレクリエーションという文脈の中で用いられてきた。いわゆる「余暇善用論[6]」的なレクリエーションである。

しかしレクリエーションという言葉の中には、そういったこの世的な現実をあるがままに認め、その現実を補完するという意味における回復だけが含まれているわけではない。私たちキリスト者が「レクリエーションとしての礼拝」という時、そこで注目したいのは、まず何よりもこの言葉の文字通りの意味である「レ・クリエーション」re-creation、すなわち「再創造」としての礼拝である。

「再創造」という言葉が私たちキリスト者にまず想起させるものは、神が最初に成し遂げられた創造のわざであろう。礼拝がレクリエーションであるという時、私たちが経験するのは、この最初の創造が礼拝の場で「再創造」されることなのである。

創世記によれば、天地万物が創造された時、神は被造物を「良し」とされたと記されている。この世は本来、「良き世界」であったのだ。しかし、その後、その「良き世界」は人間の罪によって堕落し、本来の姿を失ってしまった。パウロが記すように、「被造物は虚無に服して」おり、また被造物は「すべて今日まで、共にうめき、共に産みの苦しみを味わっている」(ローマ八・二〇、二二)のである。主イエス・キリストはこのような世界と人間のために地上に下ってこられた。「神は、その独り子をお与えになったほどに、世を愛された」(ヨハネ三・一六)神はこの世を愛し、主によって私たちは贖われ、神とこの世界は和解に導かれた。それが「再創造」の原点であり、「神の国」の先取りの出来事でもある。私たちキリスト者はこのような主の「再創造」にあずかったのであり、またそれゆえにこうした主の「再創造」を証言し告知するのである。

この世は自らが本来の「良き世界」から転落してしまった状態にあることを知らない。だから本来の「良き世界」に戻るべきことも知らず、また戻ろうともしないでいる。

「再創造」は、このような今あるがままの世界を承認し、それを規範として、その世界の「回復」や「再生」を望むことではない。「再創造」とは、この世に向かって、あの最初の「良き世界」を再び指し示し、その世界を私たちの現実として取り戻すことである。

礼拝がレクリエーションであるということは、まさにそれがこのような「再創造」の営みであることを意味している。礼拝は、この世の現実に疲れ果てた人々に「ちょっといい話」を聞かせ、

「ちょっとした励まし」、「ちょっとした慰め」、「ちょっとした癒し」を与え、「さあもう一度、この世の働きに戻りましょう。新しい一週間も元気に過ごしましょう！」と呼びかけることではない。

再創造としての礼拝が成し遂げるのは、この世の正体を暴露することであり、この世の常識をひっくり返し、本来の「良き世界」を啓示することである。人間にとって真の意味における「回復」や「再生」、そして真の癒しと慰め、励ましは再創造された世界の中でのみ生じる奇跡である。私たちは礼拝の中でこの奇跡を待ち望んでいる。

私たちキリスト者はこの世を見捨てはしない。キリスト者はこの世に対して貪欲なほどの関心を向けており、誰よりもこの世に執心する。なぜならこの世は（堕落してしまったとはいえ）私たちの神が創造された世界であり、主イエス・キリストがそれを贖うためにすべてを献げられた世界だからである。神が愛し、主が愛された、この掛け替えのない世界を、私たちキリスト者もまた愛する。そしてその愛のゆえに私たちもまたこの世に向かって、神の創造のわざと、主の再創造のわざを証言し告知していくのである。

私たちキリスト者がまず最初にそのような証言と告知を行う時と場所、そしてその営みこそ、「レクリエーションとしての礼拝」である。私たち自身がキリストの恵みによって、神の愛によって、聖霊の交わりによって、「再創造」された存在である。この「再創造」の驚きと喜びを祝うこと、そしてその驚きと喜びに満ちた「再創造」がこの世の新たな現実となることを信じ、祈り、執り成すこと、それが「レクリエーションとしての礼拝」である。

様々な「神々」と「真理」の中で

振り返ってみれば、この世界には様々な「真理」があり、様々な「神々」が存在する。人間はこうしたいろいろな「真理」がひしめき合い、いろいろな「神々」が互いに競合する世界の中で、特定の「真理」や「神々」を選び取って生きている。そうした「真理」や「神々」は必ずしも特定の宗教とは限らない。金銭が「神」になることもあれば、国家やイデオロギーが「神」となることもある。ごく一般的日常的な価値観、常識とみなされているものが「真理」とされることもあれば、きわめて特異なものの見方、偏見とさえ思われるものを「真理」として主張することも、現代社会では許容されている。

昔も今も変わらず、もっとも人気のある神とは「私」、「自分自身」であろう。今橋朗は、「キリスト者にとっての『偶像礼拝』とは、キリスト以外の何者かを礼拝することではなくて、自己流にキリストを礼拝しようとする欲求であり（ルター）、私たちは絶えず、この誘惑と戦わなければなりません」と記している（『礼拝を豊かに』三七頁）。キリスト教における誤った礼拝の本質とは、つねに「自己礼拝」であり、あらゆる偶像崇拝のかたちはそのバリエーションにすぎない。

こうしたいろいろな「真理」と「神々」の中から、キリスト者は「キリストの真理」と「キリストの神」を意識的に選び取り、自覚的に礼拝する。言い換えれば、私たちキリスト者はそれ以外の「真理」やそれ以外の「神」を認めない。その意味でキリスト者とはたしかに狭量で頑固な人間と言われてもしかたがない。

だがしかし、よく考えてみてほしい。この狭量で頑固な私たちが信じている「神」は世界を創造した神であり、そのすべてを深い知恵と愛によって導く神である。預言者ヨナが堪え難い憤懣を持って神に投げつけた非難の言葉が、「あなたは、恵みと憐れみの神であり、忍耐深く、慈しみに富み、災いをくだそうとしても思い直される方」（ヨナ四・二）であったことを思い出そう。世界はこの神のもとに存在し、そしてやがていつかその神の御心がこの世界の隅々にまで染み通る時がやってくる。主イエス・キリストはそうした神の独り子として、この良き音信を私たちに伝えてくださった。

キリスト者の信じる「神」、そして「真理」がこういうものであるならば、それは決して狭量でもなければ独善的でもない。むしろその他の様々な「真理」や「神々」にもまさって、私たちの「神」、私たちの「真理」は限りなく広く、限りなく豊かである。

キリスト者は、こうした「神」、こうした「真理」を繰り返し想い起こすために礼拝に集まる。こうした「神」に感謝し、こうした「真理」を賛美するために集う。そしてこうした「神」、こうした「真理」と交わるために、またこうした「神」、こうした「真理」のもとで、信仰を同じくする人々と交わるために、礼拝に集う。ここにはそれ以外の「神々」や「真理」が介入したり同席する余地はない。それらは皆、閉め出される。キリスト教の礼拝はキリスト者だけのものなのだ。

しかしまたキリスト教の礼拝は、この世とそこに生きるすべての人々のためのものでもある。

なぜならその「真理」が真理であるならば、それはおのずからすべての人々に共有されることを望み、自ずから拡散していく本性を持つからである。そしてその真理が、神の恵みと憐れみに由来するものであるとすれば、それはまさに神が創造されたすべてのものに向けて開かれたものでありつづけなければならない。

この世から分離すると共にこの世に関わりつづける礼拝。閉じていると共に開かれている礼拝。私たちが神という一点に集中すると共に神のもとから世界に向かって押し出される礼拝。そのようにダイナミックに運動しつづける礼拝こそ、生きた聖なる礼拝であり、真の意味における「神と人間との聖なる戯れ」なのである。

注

（1）こうした礼拝の「副産物」「実り」の詳細については、拙著『信仰生活の手引き　礼拝』（日本基督教団出版局、二〇一三年）において、キリスト教教育・牧会・宣教の三領域にわけて概説している。
（2）日本基督教団の教会暦に関する参考文献として、『新しい教会暦と聖書日課』（日本基督教団出版局聖書日課編集委員会、一九九九年）参照。
（3）聖餐の神学の歴史的展開に関するコンパクトで優れた最近の著作として、W・クロケット『ユーカリスト～新たな創造』（聖公会出版、二〇一四年）を参照。
（4）礼拝をアナムネーシスから理解する視点については、岸本羊一『礼拝の神学』（日本基督教団出版局、一九九一年）所収の第一論文と第二論文を参照。
（5）こうしたかたちによる信徒の礼拝参与のための資料として、W・ウィリモンの『礼拝論入門』（新教出版社、一九九三年／とくに第一章と第八章）、またF・M・セグラーとR・ブラッドリーの『キリスト者の礼拝』（キリスト新聞社、二〇〇九年／とくに「第Ⅲ部　礼拝の計画と実践」）を参照。
（6）この意味における戦後日本社会のレクリエーションの分析と検討については、青野桃子「余暇研究におけるレクリエーションとレジャーの関係」（『一橋大学スポーツ研究』三三巻、三四～四四頁）参照。

第二部　みんなで礼拝を創るために――座談会

はじめに

越川――まず最初に皆さんの礼拝体験についてお一人ずつお話しいただけますか。今、感じておられる礼拝の課題や問題などがあれば、それもお話しください。

本田――私は小学五年生から、母親の勧めにより大人の礼拝に出るようになりました。礼拝では会堂前列席の役員の横に座って、牧師である父の説教を聴くよう習慣づけられていました。おそらく、しつけの一つであったと推測します。その後、父親の転任に伴い、いくつかの教会を経て、教会生活をつづけ六〇年になります。

現在、出席している教会ですが、前任者から牧師が替わって十年近く経った頃、牧師から礼拝の式順について教会員に提案があり、礼拝について全体懇談会を開催しました。そして、牧師からの提案にもとづいて話し合いを重ね、従来の礼拝式文から、礼拝式を四区分して「神の招き」、「神の言葉」、「感謝の応答」、「派遣」という「主日礼拝式文B」に近い形式に変わりました。ですが、礼拝式順は変わりましたが、礼拝の中身というものがほとんど変わらなかったんですね。式文や表現は違っても、レトリックの違いでしかないように思えてなりません。本来、礼拝式が変わるということは礼拝する共同体も変革されるという過程が大切だと思います。教会全体の内実が変わらなければ、表面だけ変わっても礼拝の刷新にはつながらないと感じています。この座談会のために礼拝についてあらためて考えさせられていることは、礼拝のあり方とは教会の共同体としてのあり方と不可分の関係にあるということです。

越川――礼拝のかたちを変えても必ずしも礼拝の内容、内実が変わったと思えないということですね。最近、私も教会論と礼拝論は本当に切り離せない、不可分のものなんだということをよく考えます。教会とは何かということ、教会形成ということが、礼拝形成の前提にあるんだということです。

丹治――まず私は越川先生の書かれている「簡素な説教礼拝」というものがよくわからなくて……。一時間半に及ぶような礼拝はもはや簡素とは言えないのでは？って（笑）。

私の教会では越川先生が提示されていた、二〇〇六年版の式文（『日本基督教団　式文（試用版）』「主日礼拝式Ｂ」を指す）を改変したものに近いかたちでやっています。一部、順序が違っているけど、「越川版」にかなり近いです。

改めて考えてみると、大きくは前半と後半、啓示と応答の二部構成だということですが、自分がそういったことを本当に意識しているだろうかとか、礼拝の中でだんだん前に進んでいって送り出されていくという感覚を本当に持てているだろうかというのが、今回、自分が学んでみて感じた大きな反省の一つです。今の牧師が赴任されてきた当初、礼拝が終わった後、一言挨拶をされて、「さぁ！　ここから元気よく出て行きましょう！」って声を掛けられて、それは私にとって新鮮な経験でした。「そうか、こうやって礼拝から押し出されていくんだな」という感覚を初めて持ちました。ただ、そういう声をかけてもらわなくても、本来ならば礼拝を献げた、そのこと自体が自分を前に押し出して、それによって歩みを強めていくものであるはずなのに、そういうふうに自分がなっていないなと思いました。

私たちの教会では、礼拝の式文改定も、牧師と礼拝委員会を中心に力を入れて行ったので、安定して礼拝を献げられています。他の教会と違うかもしれないところは、私たちの教会では毎主日、三回の礼拝すべてを主日礼拝として献げるところです。聖餐式を行う場合もすべての礼拝で行っています。三回の中で、朝の一番早い礼拝はもともと子ども中心、あるいは子どもがいる家族のための礼拝だったのですが、主日の中心である二番目の礼拝に出ていた高齢者の中で、そちらが長いので体力的に厳しいというかたが、だんだんと時間が短い第一礼拝に来られるようになったんです。そうすると今度は牧師が誰に向けて語るのかという点で、難しい問題が出てきました。礼拝はすべての人の礼拝で、子どもがいてもお年寄りがいても、みんなに語るのは当然であっても、実際にはとても難しいんですね。それで礼拝で子どもが割りを食うという感じになっていないかと思うところがある。子どものケアであったり、何らかの障がいを持った人と共にどうやって礼拝を守るのか。あるいはご高齢で「時間が長いと厳しいんだ」「来られないんだ」というかたとどうやって一緒に礼拝を守ることができるのか、という問題が出て来ていると思います。(注　狛江教会では二〇一九年四月から、第一礼拝と平行して小学生までの「幼小科礼拝」を設置)

越川――主日礼拝が三回というのは。

丹治――第一は九時からで、第二は一〇時三〇分から。第三は夜の七時から。第三礼拝のニーズを牧師は強く感じています。夜の礼拝から受洗準備や受洗に至るというかたがたも与えられています。

越川――荒瀬先生は牧師であり、また神学校でも教えておられますが、いかがですか。

荒瀬――礼拝を変えるということでは、神学校で経験則的な教えとして「赴任してから三年間は礼拝をいじってはいけないぞ」ということが黄金律のように言われていますが、基本的にそれは良い考え方だと思います。その教会の礼拝で実際に行われてきたことを尊重するということに意義はあると思います。神学校の礼拝学で学んだことからすると、これおかしいんじゃないか、ということがあったとしても、簡単にこれが間違っているとか、これは直すべきだとか言えないからです。

というのは、その教会がどういう状況の中でどういう信仰を培ってきたかということが礼拝に体現されているわけですよね。何が共同体の信仰をかたち作っているかというのは、よく見てみないとわかりません。表面的なことではわからないのです。だからただ表面的な細かいことや順序をパッと変えればいいということではないので、三年はそのままにしておきなさいというのです。でもやっぱり変えるべきことはあると思います。しかし多くの場合、どこかを変えたい、新しいことをしたいという時に、よく失敗をするんですよね。失敗率は結構高いんじゃないかな。私なんかは教師として責任を感じるんですけどね。

根本的に礼拝観、礼拝理解を共有するというところから丁寧にやっていかないと礼拝刷新が教会の成長にならないと痛感しています。今回、越川先生が聖なる遊戯としての礼拝、神との遊び、レジャーとしての礼拝、レクリエーションとしての礼拝ということを強調しておられて、そういうところはすごく大事だと思う。それから越川先生が訳してくださったバークハートの本には、「リハーサルとしての礼拝」という概念が出てきます。これがすごく重要で、我々が礼拝しているということは我々が生きているということと、どうつながっているのか、ということから礼拝を考えることが大事だと思うんです。日本のプロテスタントはそこがとても弱いんじゃないかと感じています。

「小さな礼拝観」とでも言うのかな。それが問題じゃないかと思っているんです。小さな礼拝観というのは、つまり「礼拝はこんなもんだ」っていう感覚ですね。「自分が行き始めた時からずっと礼拝というものはこういうものだった」「これ以上のものは望まないし、これ以外にしてもらっては困るし、ずっとやってきたようにやってくれればそれでいい」ということですよ。そもそも礼拝という器への大きな期待をとくに持たない。しかし小さな礼拝観で礼拝をしていると、神様が小さくなるわけです。小さな礼拝観で礼拝を変えても、自分たちの神観や信仰は変わらずに、ただ礼拝の表面をいじるということになってしまう。礼拝を変えるにしても何をめざすのか、どういう礼拝観や神観を共有するのか、まずはそこからだと思うんです。そこに時間を費やすということが大事。

最近、神学校の創立記念集会で公開講義をする機会があって、そこで思い切って「リタージカル・フォーメーション」という言葉を使ってみたんです。リタージカル・フォーメーションというのは、カトリック教会ではミサをどのように行うかという言葉として使われているんですが、聖公会の聖パウロ教会司祭を当時しておられ、後に東北教区主教を務められた加藤博道先生が、「リタージカル・フォーメーションというのは、教会形成だし、信仰形成なんですよ」ということを『礼拝と音楽』の編集委員会で雑談の中で言われて。私はハッとさせられました。「そうなんだ！」と思ったんです。礼拝を形成していくということは、教会を形成し宣教を形成していく方向と一致しないと、本当に礼拝を形成していくことにならない。教会を建てあげていく業としてのリタジー形成を追求するということです。

それ以来リタージカル・フォーメーションという概念をプロテスタント的に使えないかと思ってきましたが、今の時点での考えを簡単に言えば、礼拝にもっと期待する人、礼拝を本気でする人を増やしていくことです。神との交わりということを本気にしているかどうかなんです。プロテスタントには礼拝に関するしらけた感覚があったり、礼拝を説教や聖書研究や奉仕ほどには本気にとっていないんじゃないかという気がすることがあるんです。現代人にとって合理主義というのはすごく支配的だから、礼拝をもっぱら教育的なものと考えていたりする。つまり聖書研究や勉強会と礼拝が質的にそれほど変わらないという見方です。しかし異なるものが礼拝にある。

本当に神様がそこにいらして、そこで私たちは一つの民となって、そこで本当に神様と会うんだということ。それが礼拝ですよ。例えば自分の部屋に大切な人が入ってきたら立つでしょう。じっくり話し込む時は座るでしょう。握手もするし、場合によってはハグもする。そういうふうに大事な人と会うように神様と会って、神様との交わりがそこに起こる。

しかもそれは三位一体の神様との出会いであって、父・子・聖霊の交わりに我々が入れられるという神秘であって、いつも新しいことがそこに起こるという出来事です。そのことに対する真剣さ。それを本気で考え、そしてもっともっと礼拝のことを考える時間をとる。礼拝はいいから教会のほかのことを考えましょうというのではなく、礼拝を考えることは自分たちの信仰そのものを考えることだということを本気で思う人たちを増やしていく。そういう意味でリタージカル・フォーメーションということをしていけないかと思っています。

現在、世界からいろいろな刺激が入ってきていて、その魅力や素晴らしさを、たくさん紹介したいし、知ってほしいし、それに馴染んでほしいと思っています。神学校では神学生たちに、自分が礼拝を作っていくリーダーになってほしいと教えているけれど、下手をすると、信徒の人たちから、目先だけ変えて何も変わっていないという失望と反発を招くようなことになってしまうから、礼拝を考えることと教会の具体的なことがらをいかに有機的に結びつけながらやっていくかということが今の課題です。

越川――増田先生はどうですか。

増田――私が牧師として思うのは、赴任した教会で育てられたということです。自分自身が強い神学的なものを持っていたということではなく、行った教会、行った教会で鍛えられて育てられたという実感を持っています。私は以前、栃木県の氏家教会という開拓伝道で始まった農村の教会にいました。幼稚園教育と二本柱でやってきた教会で、その幼稚園では障がいを持っている子どももそうでない子どもも一緒に育てるというインクルーシブな保育をやっていました。

ある時、その教会で精神的な障がいを持っている青年が、「障がいを持っていることを牧師が知っているだけでなく、役員会あるいは教会の皆さんの間でも話をしてもらいたい。礼拝の中で座っていられなくなることがあるから、ソファーで横になって、一緒にいろいろなことができなくても良いという、どこかでみんなとのコンセンサスがほしい」と話してくれました。そこで役員会や礼拝の中で「もしあなたが一緒に生きていく場を作っていきたいと願っているなら、そのことをみんなで考えていこう」と、話し合う時をもちました。礼拝の場というのは、教会としての在り方や、どういう宣教の方針を持っているかを抜きには考えられないということを感じた経験でした。

私が氏家教会にいた一九九〇年代には、「障がい者と教会」という問題提起がいろいろなところから出てくるようになりました。最近でも日本基督教団出版局から「和解」をテーマにした本が何冊か出ています。そこではラルシュ共同体というコミュニティで知的障がいを持つかたがたと暮らすジャン・バニエさんと、神学者スタンリー・ハワーワスさんが一緒に執筆しています。そういう経緯を見ていくと、各個教会でやっていることは、目の前の共同体を形成している人といかに一緒に生きていくかということだと思います。そうした個々の教会の姿が、どうしたら神の国を待ち望み、その先駆けとしての姿になりうるのかということを考えていくことが神学的作業であって、それを全体にフィードバックしていくことに神学教育の重要性があると思います。

礼拝のかたちで言えば、氏家教会では説教の後に「分かち合い」がありました。一九七〇年代に教会の様々な取り組みの中から生まれたもので、説教を語るだけではなく、聴いた人たちがどう受けとめたかを話し合う。そのような双方向性の礼拝ということが行われていました。私はその教会がどういう姿をめざしているのか、どういう教会になりたいのかということから、いろいろ学ばされました。

その後の巣鴨ときわ教会では、大きなリタージカルの改革が行われました。私にとってその経験は、教会のあるべき姿を考えていくことと、礼拝の姿を考えていくことの二つは、両輪としてあると教えられた経験でした。

ハワーワスが言う障がい者と健常者を分け隔てしないという理念は、越川先生の言っている礼拝の中における「存在の肯定」ということですよね。礼拝の中で、かけがえのない「今」と「ここ」が神のもとで私たちに与えられていて、出会いを共に喜ぶ共同体において、ここにある「喜び」がどのように体験されているか。それが、私たちの礼拝の一つの要であると思います。

もう一つは、カウンターカルチャーとしての礼拝の在り方だと思います。いわゆる生産性や効率を至上とする社会の中にあって、教会はいったいどういう存在であろうとしているのか。礼拝のかたちとその内実がめざしていることは、どちらもとても大きなことだと思います。

現在の経堂緑岡教会はメソジストの伝統のある教会で、礼拝の内容に関しては牧師の裁量が大きいと感じています。巣鴨ときわ教会は会衆派の教会でしたから、決める時は何でも話し合います。そのことに手間暇をかけるし、すごいエネルギーを注ぎます。けれどもここは、「牧師が言うならそうしましょう」というところがあって。いかにそれをシェアしていくかを大切にしたいと思っています。

あと礼拝における音楽の役割が大きいですね。聖書朗読の後に間奏が入って沈黙をする。礼拝の流れということを奏楽者と共に創っている感覚があります。今年ちょうど礼拝委員長が変わったこともあって、礼拝の刷新を考えたいと信徒のかたから言われているのでその学びと変革をしていこうと思っています。私は神学校で教えてもらった通り、三年は礼拝を変えないということを守っていて（笑）、今年度くらいからマイナーチェンジを考えています。

新しいこととしては、九時からの子どもたちとの礼拝、一〇時三〇分からの礼拝に加えて、去年から月に一回、青年会が主催するコンテンポラリー・ワーシップの礼拝を始めました。毎年六月に青年月間の礼拝があり、青年たちが様々な楽器を用いて賛美をしていたのですが、ぜひ毎月礼拝をやりたいということになって。それで毎月第四日曜日の夕方五時から、最近の様々な賛美、ゴスペルや「これも賛美歌」とか、いろいろな賛美をスクリーンに映して歌う。私も説教は原稿なしで、ＭＣですね（笑）。……という礼拝を一時間やっています。

礼拝経験の多様性

本田——機会があって他教会の礼拝に出たことがありますが、そういった時に、「こういう礼拝があるんだ」と目からウロコのような体験をしたことが何度かあります。

以前、オーストラリアのシドニーで行われたアジア・キリスト教協議会（ＣＣＡ）のプログラムで、アジアの人たちと一か月間、エキュメニカル・コースに参加しました。そのプログラムでは参加した一三か国に礼拝当番が割り振られるんです。日本からは私と聖公会の司祭が参加していて、たまたま、礼拝の当番が八月一五日に当たりました。この集まりには、問題意識の高いリーダーが集まっていたので、自己紹介で「ホンダ」というと、日本の企業を思い出すようで（笑）。当時、日本からアジアに進出した企業が公害訴訟で訴えられていた時期と重なります。そのような雰囲気の中で毎日、各国で礼拝プログラムを工夫して担当しましたが、それぞれのプログラムの中身が素晴らしいんですよ。メッセージも心に響きます。賛美歌も、実に豊かな内容で美しい旋律で歌われる。それまで私はそういう経験がなかったので、アジアの人びとはこんな生き生きとした言葉を使って、心を合わせた礼拝を献げているんだと感動した記憶が鮮明に残っています。

最近の経験でいえば、三年前、会津坂下教会を訪ねた時、その日の主日礼拝は、牧師が共同牧会をしている四つの教会（猪苗代教会、会津本郷教会、川桁伝道所）が集まる合同礼拝でした。出席者は高齢のかたが多かったのですが、合同礼拝で語られる聖書の言葉に力があり、皆さんが心を一つにして礼拝を献げる姿勢に感動しました。礼拝が終わった後、（日本基督教団）東北教区では互助制度で、お互いに支え合っているという話も聞きました。まさに信徒が一致して牧師を支えていこうとする気持ちがあふれていたんです。この合同礼拝に出て、普段の礼拝と質の違いを感じました。だから他の教会に行って礼拝の体験をすることは、自らのありようを振り返る良い機会となり、他教会の礼拝から学ぶ経験があっていいのではないかと思っています。牧師はそういう経験をしてないいんじゃないですか。

荒瀬――ないかもしれませんね。

本田――先日も、浜松のカトリック教会のミサに出席しましたが、本当に素晴らしいミサでした。改めてミサでは聖体拝領が「ことばの典礼」と「感謝の典礼」として視覚化されていることに気づきました。日系人の家族が多く参列していましたが、個々の家族が互いに喜びを分かち合う姿に感動を覚えましたね。集まった人たちが個人的にではなく、大家族のように「私たちのパン、私たちのぶどう酒」を分かち合う。それがミサの始まりから終わりまで参列してよく理解できました。

残念ながら、私たちの教会では礼拝が終わっても、分かち合う喜びがあまり感じられない（笑）。「さぁ、これからこの世に出て行こう！」との気持ちが湧き出てこない。多くの教会でそのような現状にあるのではないでしょうか。なぜ、そうなのかと気づくためにも、他教会の礼拝に出る経験は役に立つと思っていますが、いかがでしょうか。

越川――いつもの自分の教会以外の礼拝から何かを経験したということはありますか。

荒瀬――礼拝経験って本当に大きいですよね。私もアフリカのガーナで行われた改革派の世界連盟の大会に参加したことがあります。そこで二週間にわたって日々行われる礼拝が本当に素晴らしいものでした。一つひとつの礼拝が本当によく考えられていて、人間が新しくされて、自分たちが一つの体にされていくということを肌で体験するような礼拝でした。「ああ、カルヴァンの末裔たちも今はこういうことをやっていいんだ」という感じでした。長老派というとゴリゴリで、禁欲的な姿をイメージしますが、現代の改革派諸教会は非常にダイナミックな礼拝を、いろいろな礼拝伝統から学んでやっている。私にとってはある種の回心経験でした。

とくに日本で真面目な改革派・長老派の影響を受けている人たちがそうだと思いますが、礼拝厳守、聖日厳守というその熱心は本当に素晴らしいし尊敬に値するんだけれども、どうもその厳守の内容が、決まった時間に決まった場所で、決まったやり方で、自分の決まった席で守る。それが礼拝で、生涯それを守りつづけることが自分にたちにとっての信仰であって忠誠であるという意識がとっても強い。

実は今、西東京にあるカンバーランド長老教会の三つの教会が、今度初めて一緒になって主日の礼拝をしようと動き出しているんです。これまでにも共同の働きとか一緒に新伝道拠点の開拓をとかいうことを言ってきたんだけれども、なかなか前に進まないので、自分たちが一つの体として働くには、やっぱりいちばん大事な時間である礼拝を一緒にしよう、ぜひやりましょうということになったんです。でもやっぱりそれに反対するかたもおられて、「神様があの場所あの時間に招いてくださっているのが非常に重要なことで、それを軽んじることをしていいのか」と自分の教会で礼拝を守ることの大切さを強調されました。その真剣さと忠実な姿勢は尊敬に値しますが、しかし問題なのは、礼拝というのは決まったやり方で、決まった時間、決まった場所でやるべきものだと頭の中で非常に狭く限定されてしまっているということです。だから我々としては、そうじゃなくて違う場所に行って違う人たちと礼拝をすることで、自分たちだけが礼拝しているんじゃなく、極端に言うと天と地にいるすべての聖徒たちと一緒に礼拝しているんだという一つの経験をしたいと説得しました。絶対に良い礼拝経験になると確信していますが、そこに至るまでには抵抗もある。「なんでそんなことしなきゃいけないんだ、その日は行きません」と言うかたも中にはいました。

丹治――えー。

増田――はっきり言われるんだ。

荒瀬――まあそこまで言う人は少ないですし、その後納得してくれましたが。大体の人は期待してくれています。礼拝厳守と言っても、礼拝というものはもっとダイナミックで可変的で多様なわけですから、「ちょっと他にも行ってみようよ」ということで、時には他の教会の礼拝も経験することで豊かにされようという考えには賛成です。警戒される牧師もおられると思いますし、節度は必要ですが。

本田――自分を相対化する、吟味するというのは、何かきっかけが必要ですね。いちばんわかりやすいのは、普段とは異なる他教派、他教会の礼拝に参加して、自分の内なる礼拝体験を省みることではないかと思います。そして、自分がより豊かにされる礼拝体験を積み重ね、覚醒されることによって、何が課題であるか見えてくるのではないでしょうか。

越川――荒瀬先生が「小さな礼拝観」という言い方をされましたが、礼拝に対する見方というのは、その人がどんな教会観を持っているのかということにつながる一方、実際にどんな礼拝体験をしてきたかということにもつながるんだろうなと思います。他の教会の礼拝とか、いろいろな礼拝を経験するというのは、私自身もそうだったけど、ものすごく意味のあることだと思います。しかし事前にそういうコンセンサスがないと、牧師からすれば自分の教会の信徒が他教会の礼拝に出るというのは困惑するでしょうし、真面目な信徒のかただとさっきの話のように「なんで自分の教会の礼拝を守らないんだ」ということになるかもしれませんね。

増田――私が礼拝のことをよく考えるようになったのはＮＣＣ（日本キリスト教協議会）のようなエキュメニカルな場を通してです。タイで行われたＣＣＡ（アジア教会協議会）の総会で礼拝に参加させていただいたんですが、聖餐式のパンとぶどう酒の代わりに、お米のお餅みたいなものと、お酒が使われていたりしたんですね。礼拝に一緒にあずかるだけではなく、式文を一緒に作ったり、祈りを各国で分担して担当したり、各国の賛美歌を教わる経験をしました。

あるバプテストのかたからは、「聖餐式は自分たちの各個教会でしかやらないから、一緒の場での聖餐はできません」と言われたこともあります。なるほど、そこに信仰理解の違いがあるんだという出会いがあって、礼拝を考える大きなきっかけになりました。

そこで、礼拝ってダイナミックだなと思わされました。出会いがあるから緊張するじゃないですか。新しい要素が入ってくるわけですよ。だからそういう意味でのダイナミックを経験できた。聖霊の働きということを学ぶチャンスだったと思いましたね。

私の育った神学校の教派的な伝統によるのかもしれないですが、礼拝の実践的な部分に関して、練習したりすると「作為的」だと言われることがあります。

越川――「作為的」ですか。

増田――たとえば説教において、「言葉が伝わる、届ける」というスキルも礼拝の要素として必要なことだと思っています。うまく話すというのではなく、言葉を届けるという意味で。副牧師の友野富美子先生（座談会収録当時）は朗読を専門にしていたかたで、司式者や説教者の「言葉の届け方」について教わります。そういうことを言うと、「聖霊の働きによって伝わるものだから」という意見が出てくる。たしかにそうですが、聖霊が働く場を求めていく中で、奏楽者は奏楽の、朗読者や説教者には「言葉の届け方」を習得していくということがあると思うのです。でも、それは「作為的」だと言われる。そう言われませんか。

荒瀬――言われることとありますよ。

増田――礼拝ではあくまで啓示が大事で、つまりそこでいかにみ言葉が語られるかがメインであって、いかに応答するかというのは「作為的・人間的な行為だ」と。そういう面が破られていくのは、いろいろな礼拝を経験することからなのかなと思います。

荒瀬――だから、いろいろな礼拝をしている人たち、そこで生きて生かされている人を見ることによって、ハッと気づかされることになるんですよね、礼拝の恵みというのを。そうじゃないですかね。

礼拝における神様との交わりの経験にはいろいろなチャンネル、異なる道筋があると思うんですよ。でもプロテスタントの主流派では、バルトの影響かわかりませんが、み言葉の説き明かしというのが、中心的にしてほとんど唯一の神との交わり、通路なんです。だからそれ以外のことに目を向けるのはそこを軽視しているという感覚があると思うんですよね。だけど考えてみると、プロテスタントの場合、最初は、中世のカトリック教会のパンと杯によって神との交わりを確保するミサに対して、聖書と説教によって神との交わりを経験することを主張したわけですけれども、その後もいろいろな神様との交わりの道筋を開拓していったという歴史があるのです。たとえばフレンド派（クエーカー）などは「内なる光」と言って内的なものに集中していくじゃないですか。ペンテコステのかたがたは聖霊の直接的な経験という神との交わりを発見していくし、メソジストであれば潔められた生活、聖潔というのが一つのチャンネルになっていく。

それぞれの礼拝伝統が神様へのメインチャンネルを持っているということを、今われわれは相対化して見る時代だと思うんですね。正教で言えばもっとも古いリタジーを持っていて、そこに神との主たる交わりを置いている。けれどもそれだけが唯一絶対だということは誰にも言えないわけですね。教会全体には多様で豊かなチャンネルがあるわけです。自分たちにはない神様との交わりを、他の人たちが違う礼拝の仕方によって得ていることに対して、もっと謙虚になって、それに感動して、全体としての教会が神様との豊かな交わりチャンネルを持っていることを喜びたいです。そうなると自分たちの持っている礼拝伝統も、もっと活かされていくと思うんです。「作為的」とか言って、自分の慣れ親しんでいないものをばっさり切り捨ててしまうのではなくて。

でも実際にはなかなか難しいですね。みんな自分の流儀が絶対だと思っているから。

越川――それしか知らなければそういうことになりますし、人間は誰しも慣れたものを変えられるというのは嫌なものですから。

丹治先生は他教会の礼拝ということではいかがですか。

丹治――狛江教会と同じ市内にある日本バプテスト連盟多摩川キリスト教会と、今はなくなってしまったんですがカトリック喜多見教会の三教会が、年に一度、「一致祈祷集会」と称して一月の第三主日の午後に会場持ち回りで礼拝と交流会を行っていました。今はバプテストとうちだけになっていますが、狛江教会が会場の時はあちらの先生が説教をしてくださる。信徒のかたも来てくださって礼拝をもった後は、賛美合戦のようにお互いの賛美を披露しあって、その後でお茶を飲みながらお話をするということを一〇年以上つづけています。私は一〇年つづくというのはなかなか大したことだと思うんです。そこから発展してキャロリングを狛江の駅前で一緒にやることもできるようになりました。

そうそうみんなが他教会に行けるわけではないと思います。行きたいけれども、動ける年代は自分の教会の集会を支えるのが優先……ということもありますので。エキュメニカルという言葉がありましたけども、東京などでは教派を超えた交流もやりやすいのではないでしょうか。そういうことも広がっていけばよいと思いました。

今、私たちの教会は会堂建築ということを学ぼうとしていますが、会堂の在り方というのはとても大事なことで、現実にはお金とか土地の広さとか制約がいろいろあるんだけれども、やっぱり教会堂とか礼拝堂のかたちや内部の配置、十字架をかけるのかけないのかというようなことも含めて、空間的な構造とか五感に訴えかけるような要素に対して、ふだん無自覚でいることについて、大きな問いが突き付けられている感じがしています。そういうことも他教会から学ぶことができたらいいんですが。

越川——会堂建築の時に、教会や礼拝の本質的なところを一緒に考えていくというのはとても大事なことだと思います。私も伝道師だった頃に一度だけ会堂建築を経験させてもらったことがありますが、たいへんユニークな教会堂ができたんですね。設計者のかたが礼拝について一定の見識のあるかたで、会衆参与とか新しい聖餐のやり方とかいろいろ試みることのできるとても良いデザインだと思ったんですが、でも残念ながら教会の中での礼拝をめぐる話し合いがそれに追いついていかなかったところがあって、会堂完成後もほとんど従来のままの礼拝でした。礼拝堂という器をどういうふうに使いこなすのか、逆に言えば、どういう礼拝をしたいのか、そのためにどういう礼拝堂が必要なのかということを考えなければならないわけですが、これも実際にはなかなか難しい。

荒瀬——大事なのは、「フォーム・フォローズ・ファンクション」Form Follows Function つまり我々はどういう礼拝をしたいのか、何が礼拝にとって大事な要素かということを最初に充分考えて話し合うことですね。「フォーム」がそれに従う、従属しなければならないと思います。会堂はできてしまうと、もう動かないですからかね。「フォーム」に縛られてしまうということがある。

礼拝について共に考えるということ

丹治――増田先生が説教の後で「分かち合い」を行うと言われたのがすごいなと思いました。

増田――実は私が赴任してからわりとすぐに終わっちゃったんです。教会員のほうが負担だとおっしゃって。だけどそういうチャレンジもいいなと思いました。

丹治――日本の教会の全体の風土なのか、少なくとも礼拝においては、分かち合いよりも、み言葉を授かる、何かを授けられることを重んじている。けれど、「分かち合い」というのを聞いて違う視点を与えられたように思います。

たとえば信仰継承という面でも、長く教会生活・信仰生活をしてきて、新しい教会員に語らなくてはいけない、伝えなくてはいけないことがたくさんあると思っているんだけれども、なんだか一方向になりがちなところがある。新しい教会員がどういう問題意識を持っているか、本当はみんなで分かち合いながら、互いに信仰を継承していけると良いと思うんです。けれど一方向になりがちだということを感じています。

荒瀬――なるほど。

越川――それは大きな指摘だと思うんですよね。礼拝も説教中心だとやっぱり一方通行になりがちですよね。増田先生のおっしゃっていた「分かち合い」というのは礼拝が終わった直後にしていたんですか。

増田――礼拝の中です。もちろん礼拝が終わった後も、ご飯を食べながら今日の説教について話をしましたが。

越川――礼拝の中で説教が終わった直後に？

増田――そうです。説教の後で「分かち合い」という時間があるんです。「この聖書の箇所に関してはこれまでこういうふうに読んできましたが、今日聞いたことは違っていたけれど、どうなんでしょうか？」とか、「私の経験ではこういうことがあるけれども、聖書の箇所と関連があるかもしれない」とか。つまり自分たちの生活に引き寄せる作業ですよね。

越川――私もバプテスト系の教会でそういうことをやっている礼拝を行っている教会があると聞いたことがあります。バプテストの伝統は徹底した会衆主義・各個教会主義ですから、その教会の独自の礼拝としてやっているということでした。歴史的に言うと宗教改革の時代にツヴィングリだったり、後のオランダのバプテストが、説教を聞いた後、その説教者がちゃんと聖書を解釈しているか、その説教内容はどうなのかといったことを、聖書研究会のようにして吟味することをしていたといいます。これは説教する牧師にとってもかなり厳しいことだったんじゃないかと思うんですが、説教を聞いた側の人たちがそれを自分たちのものとして受けとめていくという作業ですね。宗教改革以降、そういう伝統というのがだんだん後退していったということなのか、日本の場合はほとんど見られないのではないでしょうか。

本田――私が女子学院に勤務していた頃、日直の生徒が日誌を細かく書いていました。まずは礼拝の感想を書く。これが手厳しく書かれるんです。授業についても。今、教員評価が話題になりますが、当時から、女子学院では日誌を通して生徒による評価が習慣づけられていました。生意気な中高生が書きますから、私も最初はショックでしたね。「本田さん書かれているわよー」って担任から日誌を渡されるんです。でもそれは駆け出しの私にとって良かったですね。生徒はわからないことをはっきりとわからないという。当たり前と言えば当たり前のことですが。非常に良かったと思うのは、教員が生徒に対して上から「礼拝だから、静かに聞くべきだ」と決めつけていなかったことです。あと生徒の感想に傾聴して、奨励する者も、言葉を吟味しなければ生徒には伝わらないと自分を振り返る機会を与えられたことです。いまでも、キリスト教学校の礼拝に出席することがありますが、未信者の生徒に向かって語る配慮がなされているのか、疑問に思うことが間々あります。

学校礼拝ではお互いに教員間で感想を交換し合うことは大切ですね。教会でも、信徒が忌憚なく感想を言える場を牧師のほうから設定したらどうでしょうか。「どのように説教を聞いていらっしゃるか、自由にお話しください」と語り合う場を作るべきだと思います。生徒が教員に向かって率直に忌憚のない意見を述べてくれたのは女子学院のリベラルな教育のおかげだと受け止めています。

荒瀬――越川先生が礼拝のＰＤＣＡということを言っておられますが、Ｃのチェックというのも、しかめ面をしてチェックをするということではなく、もっと自然なかたちで味わうというか、「礼拝鑑賞」のような楽しいフォローアップとして「今日の説教と賛美歌が合ってすごく良かったね」とか良いことも言ったり、時には「何あれ？　矛盾した歌じゃん」とかを話題にすることもいいと思いますね。

この間、神学校礼拝で、説教者の選曲した長いコラールを一節、三節、五節と奇数節のみ歌い偶数節を飛ばすという仕方で歌ったのです。ところが二節がないために三節冒頭の「しかし」が文脈から浮いてしまい、おかしなことになりました。終わった後に神学生にあれをどう思ったかと聞いたら、「そうでしたっけ!?」……（笑）。「おかしいですよね」という人もいたので安心しましたが（笑）。同じ礼拝をしていても、経験を共有できているとは限らない。やっぱり物事ってその後の批評とか確認とかの共有があって、フルに味わったことになると思う。映画とか見た後も感想を語り合いたいじゃないですか。他の人と喋ると「あれが伏線だったのか」とか気がつかなかったことに気づいたりして、もっと面白くなってくる。礼拝も同じで、伏線があってそれがどこにつながっているとか、みんなでそういう確認作業をすることで、今受けたことの価値が一〇倍にも二〇倍にもなる。チェックってそういうことですよね。それがなさすぎる。

越川——説教とかになると、説教者である牧師自身の評価に関わってくる気がして、言いにくいということもあると思いますね。それこそ常日頃の牧師と信徒の関係が、よくも悪くも反映されてしまう。チェックを認めるかどうかそのものが、やはり常日頃の教会形成とか牧師と信徒の関係を量る一つのものさしになるのかもしれませんね。

荒瀬——気難しい牧師だったらどうなっちゃうんですかね（笑）。

本田——今はネット社会ですから、すでに、主日礼拝をライブで配信している教会もあるし、説教を読もうと思ったらネットで読むことができます。私も時々、Facebook で配信されている礼拝を聴いています。キリスト教に関心を持っている人、教会に行ってみたいと思う人の中には、ネットで礼拝を聴いたり、説教を読んだりしている人がいます。新来者の中にはすでにネットなどで説教を読んでいる人がいると想定するほうがよいのではないでしょうか。それで、教会の礼拝に出て期待を裏切られたら、それは失望しますよ。だから新来者に「よくいらっしゃいましたね」というだけではなく、牧師は求道してくる人がどのような思いを抱いているのか、「内なる声」に傾聴する姿勢を持ってほしいと思います。

増田――私は信仰というものの中に批判性を含んでいるということが大事だと思っています。何かを信じるというと「批判してはいけない」という風土があるように思う。でもむしろ信仰というものこそ、批判的な霊性が必要だと思うんです。日本の教会の文化的な特性なのかもしれないけれども、批判すると否定しているかのように受け取られてしまう。そうではなくて、批判というのはあくまで建設的に互いに作りあげていくためにやっているんだ、というコンセンサスがなかなか形成されづらいなと思いますね。

越川――信徒の立場からはどうですか？　教会で批判的な姿勢を求められるということについてですが。

丹治――英語の「クリティカル」critical という言葉は、否定や糾弾という意味とは違います。けれども「批判的精神」という時に正しく理解されないことがあります。相手を否定したり、自分の主張を通したり、ただ文句を言っていることだと考えてしまうことが多いと思います。

本田――荒瀬先生に桜美林高校の礼拝に来ていただいた折、先生は高校生に話す内容を吟味して準備してくださり、先生なりに確信を持って語ってくださいました。それがありがたかった。生の多くはキリスト教に興味はありません。けれども、生徒たちにメッセージを語るという覚悟を持って来ている講師の話には傾聴するんです。感想を読むと、きちんと話のポイントをとらえて書いている。だから生徒は打てば響くものを持っていることを忘れないでほしいですね。生徒は聴かないと決めつけないで、むしろ、真摯に礼拝に臨んでほしいと期待しています。そのような緊張感が学校礼拝の担当者や外来の講師の中に希薄になっていないか、心配になることがあります。

礼拝に何が求められているか

越川――これまでに「緊張感」、「クリティカル」、「喜び」、「ダイナミック」といった言葉が出てきました。水を浴びせるつもりはないんですけど、正直なところ、日本の教会ではあまりそういうことは求められていないんじゃないかなと思ってしまうことが時々あります。つまりあんまりダイナミックでやってもらう必要はない、そんなにクリティカルなものをみんなが持ち寄る必要もない、本音を言うと礼拝や説教に対してそんなに多くを求めてはいないんじゃないかなあと感じることがあるんです。

これはかつて今橋朗先生もおっしゃっていたことですが、信徒のかたが教会に期待しているいちばんの魅力は「帰属感」ではないかと言うんですね。そこに所属している、自分の居場所がある、自分の存在が教会の中で認められているという感覚。だから、いつも自分が座っている礼拝堂の席に他人が座っているとムッとするという、あの感覚ですよ。先ほど他の教会の礼拝に出たくないという人の話がありましたが、ある意味、それはこの帰属感の裏返しかもしれない。「私の教会、私の席」で礼拝に参加することが大事、それがいちばん安心するという感覚だと思うんです。それをキリスト教信仰と言っていいのかどうかわかりませんが、帰属感から来る安心感というのはすごく大きいんじゃないかと思うんです。そうした感覚に加えて、よく言われる信仰の個人主義というもの、「私たち」とか「教会共同体」よりも、「私」の信仰、「私」と神様の出会いが優先される傾向が、奇妙なかたちでつながっているところがあるのかもしれない。

そういう人たちからすると、礼拝で何か新しいことをやったり、自分が求めてもいない出会いを提供されても嬉しいと思わないんじゃないだろうか。むしろ昔からのことをそのままやってもらうだけでいいし、変えてもらっては困るということがあるのかもしれない。

さっきからいろいろ意見が出ているように、教会っていうのはもっともっといろいろなことができる。礼拝もいろいろな可能性がある。でも、私たち自身が「小さい礼拝観」、「小さい教会観」に閉じこもって、私たちが神様を小さくしているのではないか。もっと思いがけないかたちで神様が語りかけてきたり、いろいろなことを見せてくれるんじゃないかということに対する期待が薄いというか、自分で抑制しているようなところがあるんじゃないかと思うんですけどね。

荒瀬——それはとても強いと思いますね。宗教儀礼としての礼拝という次元から言えば、儀礼というものは反復性・常習性を重んじるから、それを育てていくということは日本の教会も熱心にしてきたと思うんです。それが信仰熱心なことだという理解で。たしかにそれは絶対に否定できないし、むしろ励ましていかなければいけないことだけれども、でもイエス様はサマリアの女の人に、「ゲリジム山でもエルサレムでもない場所で礼拝する時が来る。霊と真理を持って礼拝するんだ」って言われている。キリスト教信仰には聖地というものをひっくり返すラディカルさがあるわけですよね。神の国の先取りなんだから。だからそれがちゃんと反復性や常習性と緊張関係で対になっていないといけないと思うんですよ。だから僕みたいなタイプにとって、礼拝を常習性・反復性だけで言われると、「なんてつまらないんだ。神様を礼拝するのになんでこんなに退屈なんだろう」って思ってしまう（笑）。

増田——「退屈なのが礼拝だ」と思われているかもしれませんね（笑）。

荒瀬——僕にとっては、絶えずスリルというか何かドカンと落ちてくるような、そういうものがあるのが素晴らしい礼拝なのです。信仰傾向の問題かもしれないけれども、それをすごく求めるんですよね。

増田——神学校の大学院の時に、加藤常昭先生が実践神学の授業で「実践神学における美とは」

ということを質問されたんです。宗教改革時代のツヴィングリなど、礼拝における美が人間を感激させてしまう危険性を言っていましたね。『神が美しくなられるために—神学的美学としての実践神学』（R・ボーレン著、加藤常昭訳、日本基督教団出版局）を読んで、改めて礼拝における美しさをどこに感じているのかを考えました。芸術との協同、礼拝堂の空間の持っている力とか、何がそのダイナミズムを生んでいるか、ということ。それが朗読であれ音楽であれ、五感を通して感じる美しさということもあるだろうし、存在論的な美しさもある。例えば聖歌隊のスキルが高いことに美しさを感じることもあるし、そこに脳性麻痺の人がいて、シャウトすることを美しいと感じる感性があるとすればどうか。様々なものが協同して作りあげていく礼拝の美があると思って。礼拝には神の言葉が語られる啓示という側面が非常に強いけれども、人間の持っている様々なものが融合される場でもありますね。ボーレン先生は「人間が美しいと感じるのは聖霊の働きだ」と書いておられて、なるほどと思いました。礼拝を考えることは礼拝式順や教会暦といった要素と同時に、芸術との協同という側面もあるのでは、と思います。

越川——ここ数年、学生に礼拝の話をする時に、「プロテスタントの礼拝は美しくない」ということを話すんですよ。学生は同じ場所にしか行かないからあまりイメージができないようですけど。正教会の礼拝に出て思うのは、イコンとか乳香とか、様々な感覚に訴えてメッセージが発信されていることです。美しさというものは、おっしゃる通り非常に難しい概念ですし、予期できない影響力を発揮するので、プロテスタントからすると非常に扱いにくい要素ではないかと思います。

増田——そうでしょうね。

越川——プロテスタントはどうしても言葉を中心にしたがりますから。言葉でコントロールできない余地を入れてしまうことを、すごく恐れたんだと思います。あまりにも警戒して怯えすぎた結果、礼拝が貧弱になってしまった。聖餐式にしても全然美しさがないし、面白さというか楽しさがなくなってしまった。

荒瀬——プロテスタント全体というかとくにツヴィングリだよね。

増田——たぶん、情緒の問題、感情の動きを抑制しようという面があるからでしょうね。でも、人が理解する、変革されるというのは知的な部分だけではなく、実感するという部分は大きいと思います。賛美歌ってそうですよね。言葉がメロディーに乗って伝わるからわかる。

越川——礼拝の中でも言葉化しない場面や要素、例えば言葉のない音楽、沈黙の活用とか、あるいは所作や動作といったものを見直して、論理だけではないかたちで神様と出会う、みんなと共有できる交わりを持つことは大事だと思います。でもそれはプロテスタントの言葉化することを優先する文化からすると無駄なんですよ。怖がっているのかもしれない。次々と言葉をつづけていって、「はいわかりましたね。じゃあ終わりましょう」って感じになってしまっているんですね。

本田――お寺や神社には参道がありますよね。参道は非常に意味のある空間だと思います。俗なる世界から聖なる世界へと向かう道。礼拝の前奏は「聖なる空間へとカーテンを開ける」と言われるけれども、それは意識のレベルのことであって、実際に心も体も、聖なる時間と空間に入っていくという過程が礼拝には必要ではないでしょうか。今、幼稚園で幼児とどう礼拝を守るか、考えさせられています。いきなり「これから礼拝です」というのではなくて、「礼拝がはじまります」という心構えを、どうやって作りだすか。神社やお寺の参道に替わる心備えの時間をどのように作りだせるのかが、課題だと考えています。

越川――それは移行空間の問題として礼拝学とかでもありますよ。日本の教会って土地がないから、道路から入ってすぐに聖なる空間になってしまう（笑）。

荒瀬――それだから前奏というのが大事なんですよ。前奏はそれを代替しているんですよ。

本田――カトリックのミサでは司祭が子どもを従えて入堂するじゃないですか。それで心の備えができるわけです。

越川――会衆の代わりに入堂してくれているという感じですね。

荒瀬――世代によってプロテスタントの関心も変わってきてると思いますよ。私の同世代はすごく禁欲的というか、み言葉に集中する。それ以外のことを考えないで、「み言葉で勝負しないと」という感覚があったけれども、今の神学生は美のこととか五感のこととかへの関心があって、むしろそっちのほうから入ってくることが多いんですよ。ですから礼拝学の授業で神学校の礼拝を自分たちでデザインするという時も、その関心をとても強く持っていますね。祭服としてアルバを司式者やアコライトに着てもらうことについても、多くの学生は好意的です。

越川――うちの神学生にも服にこだわってる人はいますよ。若い牧師の中にはローマンカラーを付けたがる人もいるし（笑）。

荒瀬――一つの実感を通しての自己理解につながっているんじゃないかなあ。

越川――自分にとっての自覚にもなるし、他人から見ても視覚的に認識してもらえる。情報の八〇パーセント以上は目から入るとか言いますしね。

聖餐をめぐる実践

越川――聖餐の話題に移りたいと思いますが、荒瀬先生の教会ではカンバーランド長老キリスト教会の式文（『神の民の礼拝』）を使っておられますね。

荒瀬――「パン裂き」の重要性というのはどうなんですか。日本の教会で広まっていますか。

越川――どうなんでしょう。本当はきちんとデータを取りたいんですが、よくわかりません。でも以前に比べると、よく見るようになってきましたね、一つのパンを裂くという教会を。

荒瀬――カンバーランド長老キリスト教会では、パンを裂くということは大事だと言っていて、徐々には広がってきていると思います。中会の諸教会が集まる賛美大会のような場で私が礼拝担当をする時に、パン裂きとインティンクションで聖餐を行うことを意図的に試みてきましたが、何回かやって慣れてくると、多くの人が「それがいい」と言ってくれるようになりますね。理屈から入るより、体験です。「一つの杯から受けたのはとっても良い経験でした」という評価は多いです。

越川——これからは裂いたパンを一つの杯に浸すインティンクションが主流になっていくんでしょうかね。

アメリカではコーヒーフレッシュを少し大きくしたようなかたちで、ジュースとウエハース状のパンがパッケージになったものを売っています。お一人様用で、容器も使い捨てのものです。けっこう使われているみたいですが、理由の一つは便利で保存が効くこと、もう一つは衛生の問題だろうと思います。この衛生の問題というのは日本でもかなりリアルな問題で、これからはもっといろいろ難しくなるかもしれません。

物素に関して言うと、小麦粉アレルギーのかたもいるんですね。ある教会ではそういうかたのためにそば粉のパンを用意していました。そういうことになると、最近の教会って本当にきめ細かくやっておられるなと思います。

ただ納得できないのが、ぶどうジュースとワインを小さなグラスに分けてお盆に載せて運んできて、「お好きなほうをおとりください」という教会がけっこうあることです。それは聖餐の本質からすると全然違うんじゃないかと思いますね。基本は一つのパンと一つの杯からみんなで共に受けるという感覚を大切にすることでしょう。要するにコミュニオンですね。各自が勝手に好きなものを飲むということではありません。聖餐のいろいろな主題の中でも、交わりという主題をとくに今の時代はすごく大事にしなければならないんじゃないかと思うんです。

丹治——越川先生が書いていた「悪習の第一はサイコロ状に切り分けたパンだ」というところを

読んで、「がーん」ときました。私の教会では役員が当番で聖餐準備にあたりますが、包丁とまな板を念入りに消毒して、パンを切るんです。「私がやっていたのはキリストの体をキューブ状に切ることだったのか」と。そういうふうに考えたことがなかったんです。「じゃあ、どうすればいいの」と実は非常に悩み始めました。

アメリカである教会の礼拝に出席した時、聖餐式でパンをひと切れ渡されました。これは手でちぎって口に入れたらいいのか、かじりついたらいいのか迷って、横の列を見たら、自分の分だけ手でちぎって回していたので、かじりつかなくてよかったと思いました（笑）。その経験があるだけで……。

増田――経堂緑岡教会もキューブ状ですよ。前任の牧師が一緒に切り分ける時のリハーサルまでしてくれて（笑）。巣鴨ときわ教会では、パンを裂いていたんですが。

丹治――パン裂きをするのはどういう感じですか。

増田――焼いてくださったパンを信徒の前で裂きます。

越川――丹治先生はパンを裂くというやり方を知識としてもご存じなかったですか。

丹治――考えたことがなかったです。私が経堂緑岡教会にいた時は、授かり方としては前に進み出て跪いてということでした。転会してからそれだけではないということはすぐにわかりましたけれども。

本田――シドニーで、ユナイティング・チャーチという教派の教会に出席した折に、聖餐式の間、牧師から「パンを持って立っているように」と頼まれて、大きなパンのかたまりを渡されたんです。持っていると、そこから会衆がパンをむしり取っていくので、しっかりとパンを持っていなければと緊張したことがあります。

越川――信徒のかたが聖餐の中で役割を分担するということについてですが、私は日本基督教団の正教師で、つまり牧師ですが、教団ではサクラメントを執行する資格は正教師にしかないということになっています。ところが、サクラメントを執行するといっても聖餐や洗礼のどこの部分をさして言っているのかということがわからない。「制定語」とか式文のある特定の部分を読みあげることが、そういうことなのかなと思うんですが、パンとか杯の扱いについては一切不明ですね。信徒のかたがパンを切り分けるケースもあるし、配餐も信徒のかたが分担するケースもある。パンを裂く教会では最初のパン裂きを牧師がやるとしても、本田先生みたいにパンを持って立っているのは信徒のかたでも良いという場合もあるわけです。

荒瀬――長老が杯を持つのは歴史的にもかなり前からやっていることと思います。

越川――カトリックの司祭の場合は式文の聖変化の部分を読みあげる資格だと思うんですよ。

荒瀬――あとホスティア（パンのこと）を渡すのも、司祭だけです。信徒が自分でちぎるというのもカトリック的には絶対やってはダメで、口か掌を出していただく。

越川――そのへんのところが教団でははっきりしていないんですよ。それがはっきりしたら、逆にそれ以外の部分で、信徒のかたが聖餐の中でもっといろいろなことができるんじゃないでしょうか。

増田――配餐は多くの場合、役員、長老ですよね。

荒瀬――歴史的にはそれは司祭の独占に対する抗議と、信徒主義であったと思いますね。

増田――メソジストの場合、礼拝堂の前の恵みの座に出ていく場合でも、前で役員が配りますよね。聖公会なんかは全部司祭が配るけど。

荒瀬――ピューリタンは司祭から受けることへの抵抗が強い。長老教会は式文、祈祷書の強制に反抗した時からの伝統があります。

越川――会衆派は前に出て行かずに座って受けていたんです。座っているというのも司祭に対する抵抗なんです。司祭のほうが信徒のためにデリバリーするという。本当はそういう神学的な主張がいろいろあったんだけど、今はそういうことはあまり考えていないでしょうね。聖餐の本質から言うとみんなが前に出てきて積極的に受けるとか、福音ルーテル教会のように聖餐卓の周りに集まるとか。陪餐方法一つをとっても、いろいろな方法があるんですが。ただ高齢者の問題が最近は大きくなってきているし……。

荒瀬――うちもそうです。長老が配る陪餐と前に出てくる陪餐を併用しているんです。歴史的には長老が配餐することを重んじてきたので、それを基本としていて、三大祭や世界聖餐日といった時に前に出てきてもらいます。ただし目の不自由なお年寄りのかたのもとには最初か最後に持っていくようにしています。

増田――一〇〇人くらいの礼拝になると、前に出ていくという物理的な時間の問題がどうしても大きいと思いますね。だから神学的というより、実利的物理的な問題で変えていったということもありますね。

丹治――私の以前の所属教会では多い時では五回くらいに分けて配餐していました。礼拝が前に進むという感覚がそれによって途切れるように私は感じました。

もう一つは新来者の問題ですね。うちの子どもには「今日は聖餐式だから嫌だな」という感覚があったようです。もしかしたら礼拝の時間が長くなるという感覚以外のこともあったのかもしれません。

荒瀬――陪餐できない未受洗者としたら、待たされているだけという感覚になりますよね。

本田――一般に聖餐を受けない人に、牧師が「洗礼を受けて、共に聖餐の恵みに与るように」と呼びかけますが、実際にはそれ以上の丁寧な対応はないですよね。ですがカトリックのミサの場合は前に出て祝福を受けられます。これはプロテスタントでも少し考えればできることですね。「洗礼を受けるまでは控えてください」という以上、共に喜びを分かち合うために祝福をするとか、カードを差しあげるとか、一緒に恵みに与かれるような配慮ができないでしょうか。そうでないと配餐を受けられない子どもや新来者は排除されていると感じるわけです。

荒瀬――うちの教会で陪餐の時に前に進み出てきてもらうようにして良かったことは、ノンクリスチャンにも祝福ができることです。

増田――そうじゃないと一人ひとりのところに行って祝福をするって難しいですかね。

越川――祝福は手を置いてするようにしていますか。

荒瀬――肩に手を置いてするようにしています。

越川――頭ではなく。

荒瀬――頭に手を置いてしていましたが、その後でパンをちぎって渡す時にその手が清潔かという問題がでてきて（笑）。それで肩にしました。しかしそれが良い判断かどうかはよくわかりません。

越川――カトリックや聖公会の司祭って祝福することに慣れているじゃないですか。あの人たちの仕事のかなりの部分は祝福じゃないかと思うくらい。その点、プロテスタントの牧師ってあんまり祝福慣れしていない気がするんですが、どうでしょうか。同時に信徒のかたのほうも、牧師に祝福をしてもらいたいという感覚があまりないような気もするんですけど。

丹治――狛江教会では子どもの成長感謝の時は牧師が一人ひとりの頭に手をおいて祝福します。

敬老の時も、手は置かないけれども、一人ひとり名前を呼んで祝福というかたちにしたらとても喜ばれています。成人祝福の場合も、未信者であっても手を置いて祝福しますね。

越川――礼拝は皆で共に守るという共同性がとても重要なものですが、他方、そこに集まっている一人ひとりが大切にされているという実感を持てることももちろん重要だと思います。個々人の名を呼んで祝福するのはとてもいいことだと思いますが、牧師に手を置いて触れられるのを嫌がるというか抵抗感みたいなものを持つ人はいませんか。

荒瀬――聞いたことないですね。

増田――私もあまり聞いたことないですね。牧師の職務では、接触が人間的なものというより、神様からのものというふうに受け取る側も考えているから。

荒瀬――牧師よりもむしろ信徒のほうが、キリスト教の素朴な宗教性みたいなものを受容もしてるし期待もしているように思いますけどね。礼拝学の授業の中で私は祝福の実技試験をしていますよ。「手の位置はここで」とかね。

増田――いいですね。礼拝における所作について、聖公会などでは先輩牧師から訓練を受けるけれども、教団の教会ではあまり経験がないですから。

巣鴨ときわ教会での聖餐式は所作も含めて、豊かな経験でした。式文は司式者と会衆で交読して、牧師が「今こそ祝おう、今こそここに」と歌いながらパンを裂く。牧師にとってはハードルが高いんですが（笑）。越川先生の時にまとめられた巣鴨ときわ教会の礼拝書を用いてやっていたので、聖餐式はすごく楽しかったです。

本田――私もカトリック教会のミサに出て思ったのは、所作が洗練されていることですね。そこから学ぶべきだと思います。教えていただきたいのですが、第二バチカン公会議以降、聖体拝領に向き合う姿勢が変わってきているのではないでしょうか？　私が読んだ本には「個人が拝領するのではなくて、共同体として聖餐に与る」とあり、共同体として聖餐に与ることが強調されていました。第二バチカン公会議以降、明らかにベクトルが変わって、様々な改革、刷新に取り組んでいることから、プロテスタント教会はもっと学んだらいいと思います。教団の中でも関心を持つ教会もありますが、カトリック教会とのエキュメニカルな活動や共同の学びは必ずしも広がってはいないですね。カンバーランドはどうですか？

荒瀬――カンバーランドでもこれ以上は広がらないかな。新しい式文を受け入れてくれた教会もあるけれども、聖餐のところがいちばんネックで、それはうちは無理というところもある。式文の一部だけを使って全体としては使わないということもあります。だけど、いろいろな機会に、パンを裂いて、一つのパンと一つの杯を受けるという聖餐式を経験した人には、批判をする人は誰もいないです。これはいいって言ってくれます。

ただ牧師としては事前の準備も事後のことも必要だし、手間もかかるし式文も用意しなきゃいけない。労力がすごく大きいですから、踏み出せないという人も多いです。越川先生が、「大変だからやらないというけれども、手間を惜しむということは大事に思っていないからだ」と書いていたのはいいなと思ったんです（笑）。本当にそうだと思います。

先ほど話に出たパッケージになった聖餐式グッズのことなんだけれども、ディサイプルズという教派では毎週聖餐をするでしょう。アメリカのディサイプルズでメガチャーチになったところがあって、ディサイプルズの教派性を大事にするなら毎週聖餐をするはずですよね。武道館のような大きな礼拝堂でのコンテンポラリー・ワーシップで、聖餐をどう行うのかと興味津々で見ていたら、ものすごい速さでやるんです。牧師が聖書を読んで、百人近くいるのではないかと思われる役員が通路に並んでカゴでパッケージになったやつを回して、みんながそれをとって、食べて……。だからものの三分ぐらいしかかっていないうちに何千人という人が、あっという間に聖餐に与ったんです。これが本当に聖餐なのかなと疑問が残りましたが。

洗礼式もすごい速さで、「今日は誰々さんと誰々さんが洗礼を受けます」というと、会衆がパチパチパチ。後ろのカーテンが開いて、みんなが見えるような高い場所に透明な水槽がセットされていて、そこに別の牧師が登場して、そこでジャボンと。パチパチパチ。洗礼式は二分ぐらい。ディサイプルズとしての礼拝伝統は守っているけれども、これはサクラメントのシンボルの用い方として正しいのかよくわかりません。

越川——効率と省力化を進めていったら、そうなるということですかね。

荒瀬——それでもディサイプルズとして毎週聖餐をすることは決めているんですね。何千人であっても。

越川——突きつめていけば、聖餐がパッケージされたものでOKだったら、説教もネット配信でいいんじゃないですかね。そうしたら、毎週、その聖餐用パッケージを自宅に送ってあげて、ネットで説教を聞いて、そんなふうにパソコンの前でやっていれば礼拝の要素というものはそれでまかなえると思うんです。悪趣味な言い方ですがね。でもそれでまかなえないものは何かっていうと、同じ時間と同じ場所にみんなが共に存在するということでしょう。これを大事にしないといけないなといつも思います。

聖餐式文について

増田——以前、NCC(日本キリスト教協議会)の「神学と宣教部門」でカトリックとNCC加盟教派の代表者が聖餐を主題として、各教派から発題をしました。その中で、現在のカトリックの聖餐式文には、社会正義とのつながりという要素も盛り込まれている。けれども教団の教会では、今でも旧日本基督教会の式文を用いているところもあります。そうなると「社会正義」なんて主題はどこにも入りようがない。でも逆に言えば、教団のように式文の使用が「大体の基準を示す参考」(『日本基督教団　式文(試用版)』序文より)であって一律でない教派では、聖餐式のたびに式文を変更することもできるわけですね。たとえば平和聖日の聖餐式の式文とアドベントとイースターの式文が違う、世界聖餐日も、それぞれの式文を変えていくという可変性の豊かさが活かされていくといいなと思います。

荒瀬――私も今まさにそういうことをやろうと思って作っていますが、教会の側にそうやって多様な式文を使うという意識ができてきたら活用できるでしょう。

増田――私はむしろ、それが自然なことだと思うんですよね。一つひとつの礼拝の意味が違って主題が違うのだから、そこで行われる聖餐式も違うこともあっていい。

越川――それは当然あると思いますよね。私も巣鴨ときわ教会にいた時は、洗足木曜日の聖餐式の式文と、通常の式文と、世界聖餐日の三種類ぐらい用意していましたね。そういうことを考えていくと、毎週の礼拝の主題を意識すれば、聖餐式を行うにしろ行わないにしろ、お祈りの内容も変わってくるし、いろいろ考える必要が出てきます。今週はどんな主題なのかということを、皆がもう少し意識するようになれば、いろいろ配慮しなければならないし、礼拝にも統一性や一貫性が生まれてくることになると思います。面倒くさがってたらできないですけどね（笑）。

増田——もう一つは神学教育ですね。式文を持ったら、とにかくこれを読まなきゃいけないと思っちゃう。改革派の伝統の中に礼拝における強制力に対する抵抗というものがあるとすれば、改変することもできるわけでしょう。自分たちで自由に礼拝をクリエイトできるという意識そのものを神学教育の中で取りあげていただけるとありがたいですね。

荒瀬——そういう意味では、越川先生が大胆なことも言っていて、聖餐祈祷の中でも、特定の部分以外は信徒も参加していいんじゃないか、たとえば交読の祈祷にしてもいいとか、多様性があってもいいということを書いている。これはけっこう大胆な意見なんだけども、しかし非常に意味があることです。リタージカルな教派ではそこは絶対にいじれない。

増田——そう。逆に言葉を変えちゃいけない。

荒瀬——でも、多様性を求めていくプロテスタントではそこが強みなんだということが言われていて、意を強くしましたね。

越川――そのへんの試みというか、事例があまりにも少ないので、どこまでが許されて、どこからは難しいのかという、ボーダーラインみたいなものが決まっていないところが、日本基督教団だけでなく、プロテスタントの聖餐式や礼拝式文に対する問題なのかなと思いますけどね。

増田――礼拝で聖餐のやり方や式文が変わるということになると信徒としてはどうですか。

丹治――たとえばクリスマス、イースターとか教会暦の主要なポイントでまず導入するということであれば。牧師も毎週毎週では大変かもしれないので、何か月かおきのことであれば、できるような気がします。

増田――教会的にはハードルは高そうですか。

丹治――低くはなさそう。でも意外にそうじゃないかもしれないですね。

荒瀬――いちばん難しいのは聖餐ですね。

越川――難しいと思いますけれども、いちばん開拓していく余地があるのも聖餐のような気がしますね。実質的にほとんど手をつけられてこなかったということでは、まだまだいろいろな可能性があると思います。

増田――どこかでそういう式文を作成するような動きはありますか。

越川――教会暦とか行事に対応するような聖餐式文ですか。公のかたちでは、そこまではちょっと聞いたことはないですが。最近、私などが監修して『主日礼拝の祈り』（日本基督教団出版局）という教会暦に沿って一年間約五〇回の祈りを、主題ごとに意識して作ったものを出版しましたが、ああいうものの延長上で、期節ごとに聖餐式のための祈りとかが付け加わっていけば、あるいはできていくかもしれませんね。

荒瀬――それはエキュメニカルに作っていくということもありかもしれませんね。

越川――とにかく式文や祈祷文などについては、まだまだ発展途上だと思いますね。

私が（第一部で）書かせていただいたのは「簡素な説教礼拝」というものを、ある程度肯定的に評価して、それをより良いかたちで発展させていく可能性をさぐることだったんです。日本の教会って大きくないじゃないですか。とくに地方では。小さい教会のメリットというものをもっと活かさないといけないんじゃないかなと、最近、思うところがあって。小さいからこそ活かせるフレキシブルなところがあると思うし、小さいと一人ひとりの存在がよくわかるわけで、そのような日本の教会の現状を活かした礼拝の可能性というものを探求していくことが必要だろうなと思うんです。でも実際どういうことをやったらいいのかは未知数ですが。それぞれの教会の現状のもとでいろいろやってみて、他の教会でもできるような新しい工夫とか知識とかを知りたいなと思っています。

教会形成と礼拝形式

越川――さてそろそろ時間ですが、今日の話し合いの感想など、最後にご意見をうかがわせてください。

本田――この座談会を開催するにあたり案内文に書かれていた「みんなで創りあげる礼拝」という文言に非常に惹かれました。このフレーズは教会形成の基盤となる共通認識ではないかと捉えています。ところが、いま、この礼拝についての共通の認識が共有できていない教会が増えているように感じています。よくあるケースで、礼拝式の式順は変わったけれども内実は変わっていないということは、共同体としてのどこかに齟齬があるということでしょうね。牧師、信徒、子どもも含めて、共同体に連なる一人ひとりが「みんなで創りあげる礼拝」に取り組むことが教会形成の基盤になると思います。個別の教会は違うわけですから、それぞれ固有の課題があるはずです。しかし、「みんなで創りあげる礼拝」に向かう歩みこそ、教会形成の根幹となる取り組みとして丁寧に時間をかけて優先的に考える課題だと思います。

増田——本田先生と共通するんですけど、それぞれの教会の教会形成と礼拝のことで。巣鴨ときわ教会では越川先生の着任時に子どもと大人の合同礼拝を契機にして、神の民としての教会というのはどういう姿であったということを考えながら、礼拝を改革していました。子どもと共に守りながら、礼拝に合わせてシナリオを考えて、賛美も選ぶ、式文も作る。受難週の時の棕櫚の主日の礼拝では、イエスと弟子の配役を決めて、イエスが弟子たちの足を洗うとか。パン裂きもして。式文やシナリオ作りを共同で作業することで、会衆の参与というか、「私たちの礼拝」という意識が高まっていくという経験をしました。

今、経堂緑岡教会では、セクシャルマイノリティについての学びや修養会を行い、教会の姿、「教会とは何か」と礼拝の在り方をどうやって結び合わせていくかというチャレンジをしています。前任の松本敏之先生はブラジルで宣教師をしていた時に出会った「主イエスはきずな」という派遣の賛美歌を置いていってくださいました。礼拝において全体の流れやそこから押し出されていくという感覚をどうやって私たちが表していくか、かたち作っていくかが課題だと思っています。

越川——ここ一〇～一五年の日本の教会で、礼拝の最後の場面で「派遣」という意識が少しずつ根づいてきたことは大きいと思うんです。『讃美歌21』の九一番とか九二番などにも派遣の賛美歌があるので、昔は頌栄で「ちち、みこ、みたま」を歌っていた場面で、最後に礼拝から派遣されていくという場面に変わったというのは大きな意味があると思います。

丹治――教会に行くといつもの仲間がいて、いつも通りの礼拝があることの安心さや、よさがあります。ただ、いつも通りの礼拝が七日ごとの「建て直し」の機会となって、また前に進んでいくことにつながっていればいいんだけれども、そうではなくて、いつも通りというのが内向的な心地よさになっていないだろうか、ということを自分自身の反省として思いました。

荒瀬――それぞれの話を受けて、リタージカル・フォーメーションというものが、教会や宣教を形成する業としての礼拝形成であり礼拝教育でなくてはならない、ということを改めて思いました。そこにおいてはやはり牧師がリーダーシップを発揮する必要があります。信徒の人が牧師を差しおいて始めるというわけにはいかないですからね。牧師がそういう意識と知識を持っていて、みんなが考えるためのリソースを提供できるリソース・パーソンにならなきゃいけないと思うんです。それから神学的な考え方を示せなければいけません。そういう牧師を育てていけたらいいなと思いました。

去年は宗教改革五〇〇年でしたよね。ルターの著作を読み直したのですが、礼拝についての嬉しい発見があって、ルターは「アディアフォラ」の領域が広いんですね。「ディアフォラ」というのは「～でなければいけない」という重要性を表す表現で、それに「ア」がつくと否定になって、「そんなに重要じゃない」「どっちでもいい」となる。それ自体は善でも悪でもない。聖書は命じてもいないし禁じてもいないという、そういう領域がルターの場合、けっこう広いんですね。カルヴァンやツヴィングリと少し違うところです。彼は当時のローマ・カトリックのミサ、典礼を変えていくんですけれども、その時に、これはどうしようかなと迷う小さな事柄があると、「それはアディアフォラだ」という見方をするんです。聖餐式で使うワインに水を入れるかどうかとか、ロウソクを使うかどうか、お香のこととかね。プロテスタントは礼拝についてわりと「これはダメ」と決めつけることが多く、逆にカトリックはこれはずっとやってきたんだからいいんだと強調する。けれどルターは現実的に「これはアディアフォラだ」と言う。どちらの可能性もあるが、信徒の人たちの信仰がそれによってどう育つか、どんなふうに教会が形成されるかという判断によって決めていけばよいと考える。正否を単純に決めつけないで見ていこうという視点です。プロテスタント的にはこれはすごく大事じゃないかと思ったんです。プロテスタントは、上のほうで全部決めて従うというわけじゃないでしょう。そうすると、結局、礼拝についても各個教会が判断することになるのですが、各個教会では前からやっていることが絶対化されていて判断ができない。「前からやっていた」というのが規範になってしまう。けれど実際には「アディアフォラなこと」はすごく多いので、その礼拝がみんなのその後の一週間の生活、私たちの生き方、さらに社会正義といったことと、どうつながるなという視点で考えるべきで、それがプロテスタント的な良さなんじゃないか思います。ルターという人はすごく包容力のある人で、変えることは断固として変えているし、変えなくてよいことについては寛容です。礼拝実践家ルターから学ぶべきことは大です。

本田――実際に宗教改革以後、ルター派の礼拝においても礼拝形式が急激に変わったわけではないですね。

荒瀬――マイルドなやり方で変えているんですね。現実的、牧会的なんですね。原理でバリバリ変えるんじゃなくてね。

本田――いま、多くの教会が直面している課題として高齢化がありますよね。そして、高齢化に伴い、教会生活の中で具体的な対応が求められています。先日、長く信仰生活をつづけられたかたに礼拝後の集会で説教の感想を求めた時、「私は何も聞こえなかったから、感想が言えない」と言われた時には心が痛みました。聴覚への対策としてFMで音声を飛ばすようなことは試みていますが、様々なハンディを持つかたがたへ教会がどう対応するかという問題など、これからの教会の課題に直結していると思います。お互いに助け合っている教会もあれば、なかなかそうならないで当事者が公に言い出せない場合もあります。これからは教会の中で声をあげられないで我慢を強いられてきた人たちへの配慮をもっと考えていかなければと思っています。

越川――高齢者、障がいを持ったかた、子どもたち、いろいろな人が教会にはいます。巣鴨ときわ教会の話になりますが、あそこはよく外国の人、アジア系の人たちが礼拝に来てくれました。誤解を恐れずに言えば、そうした「異質な人」というか、いろいろな特徴や違いを持った人たちが教会に来るわけです。でも逆に言えば、教会には「異質な人」がいないとまずいんじゃないかと思う。同じような人たちばっかり、同質性の高い集まりというのは教会としては問題がある。「異質な人」を含んでいる、そういう人が参加できる教会じゃないと本当はまずいと思う。よく学生に言うのですが、「健康な人だけの社会というのは絶対に健康じゃない」と。みんな納得してくれます。こうしたことをまず教会で実感したいなあと思う。できたらいいなあと思うんです。教会というのはこの世に対するカウンターカルチャーというか、「違うもの」ですよね。教会は非常にユニークなものだし、ある意味でこの世の最先端の部分にタッチできるものなんだと思うんです。

でも内向きに自己完結し始めると、教会も他の組織と同じように異質なものを排除しはじめるし、礼拝も定型のかたちに安心して考えたりしなくなる。そういうことが起こると、教会というものはすごく不健全なものになっていく。教会がカルト化する危険はいつもありますからね。礼拝に来る「異質な人」をどう受けとめるか。そういう人たちにも参加してもらえるような礼拝をどうやったらいいのか。高齢化とか障がいとか、子ども、外国人とか、これはみんな、世間一般の現実、課題でもあるわけですから、礼拝をどうするかを考えていく中で現代の世界の課題と結びついたり、それを考えていく契機にもなると思うんです。

皆さんも言っていましたが、私も教会形成と礼拝形成は根本で結びついていると思います。礼拝だけ変えても教会がすぐに変わるということはほとんどないと思いますが、そのプロセスの中で教会について考えるということが当然起こってきます。そのプロセスにみんなで参加するということが大きいと思います。礼拝が教会の第一義的な活動だとすれば、みんなが参加して礼拝を考えたり変えたりすることが、必然的に教会を考えたり変えることにつながっていくはずです。そういう意味で、礼拝はやはり教会にとってとても大事なテーマであり、教会形成の要なんだろうなあと思うんです。

さて本日はお忙しい中、お集まりいただき、本当にありがとうございました。これからもそれぞれの教会における礼拝について、いろいろな情報発信をしていっていただければと思います。

もっと学びたい人のために

今橋朗『礼拝を豊かに』（一九九五年、日本基督教団出版局）
小栗献『よくわかるキリスト教の礼拝』（二〇〇四年、キリスト新聞社）
越川弘英『今、礼拝を考える』（二〇〇四年、キリスト新聞社）
越川弘英『礼拝探訪』（二〇〇九年、キリスト新聞社）
越川弘英『信仰生活の手引き　礼拝』（二〇一四年、日本基督教団出版局）
W・ウィリモン／越川弘英、岩見育子訳『礼拝論入門』（一九九八年、新教出版社）
F・M・セグラー、R・ブラッドリー／鳥山美恵、大谷レニー、松見俊訳
　『キリスト者の礼拝　神学と実際』（二〇〇九年、キリスト新聞社）
J・バークハート／越川弘英訳『礼拝とは何か』（二〇〇三年、日本基督教団出版局）
P・バスデン／越川弘英、坂下道朗訳『現代の礼拝スタイル』（二〇〇八年、キリスト新聞社）
D・B・フォレスター、J・I・Hマクドナルド、G・テリニ／桑原昭訳
　『神との出会い　現代の礼拝論』（二〇一二年、一麦出版社）
J・F・ホワイト／越川弘英訳『キリスト教の礼拝』（二〇〇〇年、日本基督教団出版局）
J・H・ヨーダー／矢口以文、矢口洋生、西岡義行訳
　『社会を動かす礼拝共同体』（二〇〇二年、東京ミッション研究所）
今橋朗、竹内謙太郎、越川弘英編
　『キリスト教礼拝・礼拝学事典』（二〇〇六年、日本基督教団出版局）

編著者あとがき

今回のテーマは「礼拝」である。第一部は、私がキリスト新聞社の季刊誌『Ministry』誌上で、二〇一二年から五年余りにわたって連載した「ワタシの礼拝論」の一部に加筆修正を加えてまとめなおしたものであり、第二部はそれを踏まえて行われた五人の参加者による対談（二〇一八年八月一〇日）である。

タイトルにもあるように、本書は現在の日本の多くのプロテスタント教会で行われている礼拝スタイル（本文中では「簡素な説教礼拝」として取りあげたスタイル）について評価と反省を加え、その改革・改善の可能性について考えることが中心的なテーマである。そしてこうしたテーマを考察する上で、その基本的な土台もしくは方向性として、第一に教会形成と礼拝形成が密接につながっているという理解、第二に礼拝とは創り出されるものであるという理解、そして第三に礼拝における信徒と牧師の当事者意識の重要性というものを提示したつもりである。

これら三つのうち、まず第一の点について言えば、とくに第二部の対談の中でしばしば話題となったことがらであった。礼拝改革という場合、当然のことながら、礼拝のかたちや内容の変革ということに関心が注がれることになるが、それと同時に重要なことは、そうした改革が何をめざして行われるのか、礼拝を変えることを通してどのような教会をかたち作っていきたいのかという視点である。礼拝が教会におけるもっとも重要な中心的活動であるとすれば、それを変えるということは教会を変えるということにつながっているわけであり、当然ながら、そこでは「私たちはどのような教会を目指すのか」というコンセンサスが求められることになる。そうしたコンセンサスの形成、そして実際の礼拝の改革というプロセスにおいて、重要なことはそうしたプロセスそのものを通じて、教会が、信徒と牧師が、ともに教会そのものを形成していく作業に参与することなのだと思う。

次に第二の点に関して、神学的理念からすれば、礼拝とは神のわざであり、神の招きに人間が応じる出来事に他ならないとはいえ、誤解をおそれずに言えば、礼拝はその実践において「人為的な営み」(「作為的」!)であって、決して「自然の営み」ではない。クエーカーの「沈黙の礼拝」にしろ、ハリストス正教会の「歌う礼拝」にしろ、多様な礼拝の実践は長い歴史と伝統のもとでそれぞれの教会・教派によってかたち作られてきたものであり、「簡素な説教礼拝」もまたその例外ではありえない。私たちが意識するしないにかかわらず、礼拝は「創られてきたもの」であり「創られていくもの」なのである。礼拝は、時代と状況、それに対する信仰的神学的な応答として、つねに変化しつづけてきた。変わらないものを見定めつつ、変わるべきものを変えて、福音をより良いかたちで体現し、また発信する礼拝を創り出すことが、それぞれの時代と状況のもとにある教会に求められている。そしてそれはすでに述べたような、私たちが望ましいと考える教会をより良く表現し、より良く形成する礼拝を探求することと不可分の課題なのである。

最後に挙げた第三の点も第一や第二の点と本質的に結びついたものであり、最初の二つの点の前提であると共に、またその帰結となるものであると言えるだろう。第一部においても書かせていただいたが、礼拝に対する当事者意識という問題は教会全体で共有しなければならない課題であるが、とりわけ礼拝に関して第一義的な責任を負う牧師がリーダーシップを発揮すべき課題である。これまで四〇年間ほど、いろいろな教会の礼拝に出席し、また礼拝について共に学ばせてもらってきた中で感じることのひとつは、プロテスタントの諸教会において、また会衆主義を伝統とするはずのプロテスタントにおいてすら、いろいろな意味と次元において、会衆（信徒）の礼拝参与が低調もしくは抑制的な状況にとどまっているということであった。近年では、むしろ聖公会のような「リタージカルな礼拝」を行う教派のほうが（聖職者の減少という現実が一方にあるとは言え）信徒の礼拝参与を促す姿勢や方法を積極的に模索しつつあるように感じられる。宗教改革で強調された「全信徒祭司制」（万人祭司）を持ち出すまでもなく、礼拝は（牧師も信徒も含めて）私たちが共に創り出すものであるという意識と実践は、礼拝改革のみならず、今日の教会形成の要となるものであると思う。

なお最初に記したように本書の第一部は『Ministry』誌上に連載したものの一部をまとめたものであって、この連載の前半のほうで取りあげた礼拝の定義に関する考察や、礼拝から生まれる「副産物」に関する叙述の大半は割愛している。その部分については拙著『信仰生活の手引き礼拝』（日本基督教団出版局、二〇一四年）の内容と重複するものが多いためであるが、関心のあるかたは本書の姉妹編としてそちらも合わせてお読みいただければと思う。

最後に、このブックレット・シリーズの他の著作と同様、本書がそれぞれの教会の課題や変革について考える一助となることを期待すると共に、本書で取りあげたことがらに対する応答的な意見や建設的な批判をいただければと願っている。

二〇一九年八月一日

越川弘英

【編著者略歴】
越川弘英（こしかわ　ひろひで）
1958年生まれ。同志社大学神学部、シカゴ神学校卒業。日本基督教団教師。
現　職　同志社大学キリスト教文化センター教員。
著　書　『キリスト教礼拝・礼拝学事典』（監修・共著、日本基督教団出版局）、『今、礼拝を考える―ドラマ・リタジー・共同体』（キリスト新聞社）他。

【著者略歴】
荒瀬牧彦（あらせ　まきひこ）
1960年生まれ。上智大学法学部卒業、東京神学大学修士課程修了。
現　職　日本聖書神学校教授、カンバーランド長老キリスト教会教職者。
著訳書　『そうか！なるほど!!キリスト教』（監修）、『牧師とは何か』（共著）、『初期キリスト教の礼拝』（訳、いずれも日本基督教団出版局）他。

丹治めぐみ（たんじ　めぐみ）
1962年生まれ。青山学院大学文学部卒業、東京大学大学院人文科学研究科修士課程修了、同博士課程中退。
現　職　玉川大学文学部教授。
著訳書『知っておきたいアメリカ文学』（共著、明治書院）、『神の庭のように』（訳、日本基督教団出版局）、『ナザレのイエス』（同）他。

本田栄一（ほんだ　えいいち）
1949年生まれ。青山学院大学文学部卒業。国際基督教大学大学院修士課程修了。
現　職　鶴川シオン幼稚園園長、農村伝道神学校講師。
著　書　『イエスを訪ねて』、『はじめて知るキリスト教』、『マイ・バイブルノート』（監修、いずれも日本基督教団出版局）他。

増田　琴（ますだ　こと）
1964年生まれ。東京神学大学大学院修士課程修了。
現　職　日本基督教団経堂緑岡教会牧師、聖公会神学院、恵泉女学園中学高校、放送大学にて非常勤講師。
著訳書　『みんなで輝く日が来る　アイオナ共同体賛美歌集』（訳、日本基督教団出版局）、『キリストの復活　レントからイースターへ』、『牧会ってなんだ？　現場からの報告』（いずれも共著、キリスト新聞社）他。

装丁：桂川　潤

現代の教会を考えるブックレット４
礼拝改革試論――みんなで礼拝を創るために

2019 年 9 月 25 日　第 1 版第 1 刷発行

編著者　越　川　弘　英
著　者　荒瀬牧彦、丹治めぐみ
本田栄一、増田　琴
発行所　株式会社　キリスト新聞社
〒 162-0814　東京都新宿区新小川町 9-1
電話 03(5579)2432
UEL.http//www.kirishin.com
E-mail. support@kirishin.com
印刷所　モリモト印刷

ISBN978-4-87395-765-4　C0016（日キ販）　Printed in Japan